看過 1000 間房子，也梳理人生百態，濃縮 15 年買屋經驗，實戰女神邱愛莉的 42 個精煉心法大公開！

買房
人生課

House123 執行長
邱愛莉著

房價不是「等」出來的

財經節目主持人、作家　夏韻芬

　　買房是人生大事，對於大多數的人來說，買房是買安定感、幸福感以及對於未來生活的信心，我看過非常多的年輕人甚至中壯年都不敢輕易追逐高價買房，關鍵原因就如本書作者所言，房價不是「等」出來的。

　　過去有人用一個貼切的比喻，指出房市就像是一輛疾駛的高速列車，我們慶幸自己在當年勇敢一跳，躍上奔馳的列車，月台的人看到列車快速通過，望塵莫及，選擇黯然離去。

　　人人都想買到自住也能增值的好屋，尤其在未來要出售時候要有較佳的報酬率，於是大家會先考慮「自住」，然後花時間「等」它增值。事實上「增值」的空間或會不會「增值」，其實在「買」的當下就決定了。此外，近年來政府的打房、升息都沒有讓房價下跌，因此「等」並非上策，需要購屋或是換屋的人，必須要深入了解買房的諸多因素才能購買到自己喜歡的「HOME」，而不是價錢最便宜，遠離家人、工作的「HOUSE」。

　　作者愛莉由一個小資族，買過地雷屋，也遇過投資客，但是在她決定要花時間好好研究之後，發現除了房子本身的條件：屋齡、樓層、格局、通風、採光、屋況之外，在買的同時也要一併考慮未來好賣的因素。

這本書從租房開始，如何用租金回推買房的預算、用她自己的經驗跟大家分享如何存自備款、如何避開地雷，看見房子的價值以及在議價時如何做功課，借力使力談到好價格、做出人生重大決策。

以年輕人來說，假設現在每月租金 35000 元，用租金回推利息：

3.5x12/2.4%=1750 萬 （利率因應升息略高計算）表示貸款 1750 萬買屋，則利息和之前租金一樣，而用 1750 萬回推貸款 8 成總價 2187 萬元，頭期款則是需要 437 萬。

如果 1750 萬回推貸款 85 成（有些銀行可以貸款 85 成）於是可以考慮總價 2058 萬的房子，頭期款則是下降到 308 萬，期間一樣都可以提前大額還款，只是每個月的現金流比較有餘裕，不會壓縮到生活的其他開支。

　　一般人在買房的時候都會考慮到區域，及接下來如何殺價的問題，但我要透露愛莉買房的研究方法：有朋友看到一個周圍環境雖然不盡理想，但是室內布置美輪美奐的小豪宅，屋主表示因為工作調動、忍痛割愛，於是友人著墨殺價。問了愛莉後，發現房子經歷過非常多家仲介公司，其中還有價格大幅的下降，但都沒有順利售出。後來她跟銷售人員以及媒體打聽，才知道房屋有一個大問題，而這個問題正是買屋朋友最在意的事，成功攔截憾事。

　　當愛莉的好友當然有好處，但是她家庭工作兩頭忙，這次出書把自己的方法大方無私分享，相信讀者會受益良多，祝福愛書人都能夠買到自己有幸福感的好房。

成為你買房的
好朋友

紅色子房瑞德資本　董事總經理蘇明俊

　　閱讀愛莉老師的文筆，像是參與一場行雲流水般的下午茶敘，蘊含著輕舟已過萬重山的智慧。

　　我在商業周刊「地產軍師紅色子房」數位專欄裡，最多人持續點閱的文章就是「付租金好還是付房貸好」

這個話題。愛莉在這本《買房人生課》新書裡闡述了
她的答案，也教大家從心理建設、行動策略、看房訣
竅、議價實戰等，以精彩的故事經驗與親身感受，把
累積 15 年的看房功課一次傳授給大家。

　　如果你是像她當年二十多歲在職場奮鬥的月光族，
或者是已邁入婚姻追求人生穩定的首購族，甚至是看
房許久對高房價充滿挫敗的哀怨族，愛莉老師的這第
三本書，值得成為與你在買房路上同行的好朋友。

買房是一門
人生必修課

【喬王的投資理財筆記】創辦人　喬王

　　你想要買房嗎？你覺得買房有多難呢？大部分人都有個買房夢，但房子動輒就是千萬元起跳，這代表很多人必須長時間認真工作才能實現這個夢想。因此，買房需要同時點亮多種財務技能，包含**賺錢**、**存錢**、**投資**，以及聰明地運用「**槓桿**」（也就是**貸款**），才

能「花錢買時間」，提早買到心目中的房子。

除了提高財務技能之外，還要認識自己和家人的需求，並且評估大環境（地段）、小環境（機能）、屋況與格局，又要懂得和房仲或代銷業務打交道，一旦踩到地雷，代價就會很高。

所以，如果說買房是一門「人生必修課」，確實也不為過！

我在學生時代就對房地產感興趣，但以前的房產資訊不夠多；直到我進入銀行業工作，才了解到普通人與有錢人如何買房，以及如何運用貸款來「理財＋理債」。為了增進房產知識，我買了人生中的第一本房產書，也上了人生中的第一堂房產課，剛好作者與講師都是愛莉老師，因此愛莉老師可說是我最重要的房產啟蒙老師！

我覺得這本書可說是一本「全方位人生的買房智

慧書」，因為探討的面向不只侷限於「看房」與「買房」，更包含了七個完整且重要的步驟：

1. 有計畫地賺錢＋存錢
2. 優化貸款條件
3. 看屋
4. 議價
5. 確保交易安全
6. 裝潢布置
7. 換房

　　按照這七個步驟執行，不僅能實現夢想，還能優化或保障你的人生。聽起來很誇張，但其實一點也不會！

　　因為買房通常是人生最大的一筆開銷，書中有提到如何透過「升遷、轉職、斜槓、投資理財」方式，不只能夠開源，也能幫助看見自己的潛力和其他可能性；買房前也要同時評估財力與心理狀態，才不會從「屋主」變成「屋奴」，讓壓力影響到日常工作和生活，

看房過程中，還要注意結構安全，並且避開地雷屋，以免影響生命安全；交易過程中，萬一遇到詐騙，或者建商蓋到一半就倒閉落跑，辛苦一輩子賺到的錢就有可能付之一炬，所以簽約前就必須先了解如何保障交易安全，或者如何降低交易風險。

書中還會教你「理想」與「現實」該如何取捨，譬如：買房 vs. 租房、大樓 vs. 公寓、兩房 vs. 套房、新屋 vs. 老屋；並且打破常見的迷思，譬如：人口老化等於房價下跌？重劃區、人口成長區、未來捷運區一定會漲？

請記得，這個世界上很多事情不是只有唯一的解答，你所需要的不是一個「標準答案」，而是一個「合理的思考和抉擇方式」。我相信這本書的經驗分享，能夠在你做出買房決策之前，提供更全面且有效的評估，並且幫助你實際付諸行動，實現你的買房夢想。所以，不要猶豫，趕快把這本書買回家吧！

把買房當作人生夢想的起點與動力！

小資理財教主 Dr.Selena 楊倩琳

    Dr.Selena 因喜愛旅行所以目前環遊世界國家超過 68 國，每一次出國旅行的時候，就會看一下當天的房子並研究一下當地的房價，包含了泰國曼谷、日本東京或熊本、杜拜、希臘、瑞士……等國，自己也在海外置產在曼谷買了 6 間房子！

在研究海外房地產過程中真的發現台北的房價不是普通的昂貴，這邊我們也可以看一下相關數據：根據內政部最新資料，2023 年 Q2，全國房價所得比高達 9.82 倍，再次刷新紀錄，創有統計以來新高，其中，台北市房價所得比 15.5 倍、新北市 12.9 倍、台中市 11.5 倍，都超過 10 倍以上，等於小資族要不吃不喝十年才能買得起房子，已遠超過世界認定的合理標準。

也因低薪高房價讓台灣許多小資族很早就放棄買房的夢想，覺得人生買房無望，選擇了直接躺平只想活在當下，但其實<u>很多人不買房，現階段的生活品質或許能比已買房的人要高，結果到了老年才驚醒，很多房東都不願意租房給老人</u>，老了可能租不到房子住。

年輕人租屋可以一陣子，這個一陣子也許很長很久，但不能是一輩子，當租金夠付房貸本息而自己又有能力時，就應該買下屬於自己的房子。這也是 Dr.Selena 一直奉勸年輕人「不要太快放棄買房夢想」，儘管現在房價是在相對高檔，但小資族只要透過妥善

的存錢省錢及投資理財規劃，好好的學習買房投資的相關知識，並善用政府的新青年安心成家購屋相關貸款，還是能等到房價相對低點出手的一天。若現在年輕就把錢花光了，即使真的出現買房的「好時間點」，恐怕也無力購屋，只能一再錯過買房時機。

我的好友邱愛莉是我非常喜歡及佩服的台灣房地產女王，她本人跟我有許多相似的人生背景——都不是靠出身拿到好牌，而是靠著自己努力學習投資理財知識進而成功翻轉財富及人生！

我們倆也一樣熱愛房地產理財投資，這一次很開心邱愛莉出了新書——《買房人生課：看過 1000 間房子，也梳理人生百態，濃縮 15 年買屋經驗，實戰女神邱愛莉的 42 個精煉心法大公開！》大大造福許多小資族。

Dr.Selena 真心大力推薦小資族必看必買這一本書，這一本新書融合了邱愛莉 15 年獨家買房投資理財

心法，非常適合小資族把它當作買房入門參考書或是每個人必修的房產人生課！

本書內容非常詳細及完整，可以一步一步教你從選擇地點、篩選好屋、財務規畫、房貸試算、議價、裝潢、換屋，幫助小資族可以從零開始實現買房夢想，讓你當屋主不當屋奴，最後有機會提早擁有一個溫暖的家！

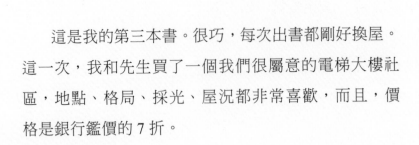

買房改變人生，也翻轉財富！

累積 15 年的看房功課，全在本書分享給你

邱愛莉

　　這是我的第三本書。很巧，每次出書都剛好換屋。這一次，我和先生買了一個我們很屬意的電梯大樓社區，地點、格局、採光、屋況都非常喜歡，而且，價格是銀行鑑價的 7 折。

　　「怎麼可能？現在怎麼可能還買得到銀行鑑價 7 折的房子？這間房子有什麼問題？」

　　呵，沒有問題。屋主是一手屋主，10 多年前建商預售時就取得這間房子，室內 70 坪，屋況保持非常好。我們沒動格局，更新一些系統櫃，挑了喜歡的家具、家電就打算搬家了。屋主很大器。我們實在不是為了殺價而殺價，而是因為太喜歡這間房子，而能力有限，只能出到我們預算的上緣。屋主願意割愛，成全了我們換屋的願望。

　　「真的好幸運呀！」

　　是的。真的好幸運！我們做了所有功課，包含需求設定、資金安排、勤勞看屋、仲介互動、調閱謄本、了解屋主需求、快速斡旋、謹慎議價、空間規劃……累積 15 年的實作經驗，果然非常派得上用場。而這些知識和技巧，全部都在這本書分享給你。

你原本的買房知識，可能是錯的

你以為議價都要挑房子的缺點嗎？錯！有些屋主不喜歡被壓迫。他們會認為，等你看得懂房子的價值再來。

你以為屋主越缺錢越好談嗎？或者，不缺錢的屋主就真的談不動嗎？錯！每個屋主售屋動機不一樣，但不管缺不缺錢，他一定有一個期待：希望這間房子可以換成「現金」！

買了房子負擔好大，很難有餘裕理財？錯！買房付房貸，還可以穩定存 ETF ！而且，30 年後，你的貸款不僅還完了，還多了一倍的現金！

怎麼做會更好？答案全部都在這本書裡！

買了第一間房，開啟理財新視野

簽完約的兩週後，跟一個認識 20 年的朋友吃飯，聊到這間房子。她說：「剛認識妳時，妳還是個騎摩托車跑客戶的小業務呢！當時怎麼想得到現在的發展呢？」

是呀！寫這本書時，我回想起那個 18 歲剛從彰化來台北讀書的鄉下女孩，覺得自己和周圍的一切格格不入。

22 歲出社會第一份工作，月薪只有 28000 元，每季出差一次，每天都在趕捷運最後一班車回家。兩年後，轉職到外商公司約聘業務，每天騎機車勤跑客戶。一年後毛遂自薦轉正職市場開發經理。雖然薪水變高，但是每個月都花光光，成為名副其實的「月光族」。一直到經歷家人投資失利，讓我被迫提早正視「理財」的重要性，開始存錢、學理財。

當時，雖然和先生都在外商工作，但還是覺得房價好高，不敢買房子。先生的哥哥開玩笑說：「連你們兩個在外商公司工作的人都不敢買房子，房價一定會跌的⋯⋯」

當時的我們也有看房子。然而，看了喜歡的房子，只要帶長輩複看，就會被打槍。懷孕前，我們下定決心買一間自住的房子。因為功課做得完整，我們沒先帶長輩看過，就決定下訂。

他們事後知道，只問我們：「你們的自備款還沒有總價的一半，為什麼敢買？」我只說：「我們算過現金流了，負擔得起。」是啊，可能生活會辛苦一陣子，但是，那份「擁有感」也是無可比擬的。

▌首購房屋沒有你想像的難

因為創業 House123 的關係，我接觸了很多首購族

的朋友。印象最深的是一個 30 歲的女生。

她本身有一份穩定的工作，但是下班後兼了很多家教。我問她為什麼這麼拚，她說，她和我一樣，家人有負債，需要幫忙。從大學時期就開始兼職家教的她，對家教工作很熟悉，家裡的債務還完後，她的工作也沒有停，因為她想要存錢在台北買自己的房子。

2020 年底，她在永和捷運站附近買了人生第一間房子，簽完約後興奮到睡不著。因為預算有限，她透過跟我諮詢，自己設計、自己發包，裝潢完成後，她請南部的阿嬤、爸爸、媽媽一起來新家玩，阿嬤知道她連裝潢都自己來，覺得她的小孫女好厲害。

雖然她目前的能力只能買要爬樓梯的公寓，但是，從過去的分租套房，到現在自己一個人住三房兩廳的空間，還有陽台可以曬曬棉被，她已覺得幸福無比。

還有一對夫妻，年紀和我相仿，只是較早生小孩，

兩個小孩一個小三、一個小五。他們本來覺得租房子就好，戶籍寄在親戚下，沒有學區的困擾。但是，原本答應長租的房東，因為資金需求，決定賣房子，賠給他們一個月押金就要他們搬家。

後來他們短租了一個公寓，決定買房子。他們說兩個小孩都很懂事，從來沒有提過房子的事，他們以為小孩沒有差別。但是，當他們開始帶孩子看房子，兩個孩子好開心，嘰嘰喳喳好多意見。買到房子、搬進去後，有一天睡覺前，小學三年級的女兒忽然對媽媽說：「媽媽，我好喜歡我們的房子，這是我們家的房子。」

▍我常說：「房價是談到的，不是等到的。」

這麼多年的教學經驗讓我發現，「適度」用槓桿，「適度」給自己一個存錢的目標，對於買房來說很重要。

我有一些學員不到 30 歲，就靠自己存錢買了人生

第一間房，再慢慢以小換大，我覺得非常好。因為人生不是只有搞定房子而已，還要搞定自己。

這本書從租房開始，如何用租金回推買房預算、用切身的經驗跟大家分享如何從夢幻走向務實、如何存自備款、如何避開地雷，看見房子的價值、議價時如何做功課，借力使力談到好價格、如何打造自己和家人心愛的家……。

「買房」是里程碑，但它不應該是我們做一切規劃的目的地。如何透過買房、換房的過程，不斷升級自己、優化生活，才是我們的目標。

有一句話說的很好：「大部分的人，高估了自己能在短時間做到的事，卻低估了自己長期能夠做到的事。」

你也有買房子的夢想嗎？開始我們「買房人生課」第一課吧！

目錄 contents

· PART · 1

我的開悟人生：
買房是堂必修課

PART 2

從夢幻走向務實：
我買自住房的經驗

PART 3

有紀律的存錢，
才是長大的開始

PART 4

想到房貸，就壓力山大!?

PART 5 那些年，我看過的房子

PART 6 議價現場，假假真真

PART 7

「房財兩失」的買賣詐騙，就在你我身邊

· PART ·

8

為自己和心愛的家人，打造舒服的家

PART 9

Sweet Home 2.0：用「換屋」升級人生

我的開悟人生：
買房是堂必修課

買房不可怕，可怕的是沒買房，錢也不
知道花到哪裡去？

租屋好，還是買房好？沒有標準答案。

但可以從「租屋成本」、「對穩定性的
需求」、「投資理財習慣」來考量。

生命中的禮物

爸爸的負債，讓我重新存錢理債

　　我是個在彰化鄉下土生土長的鄉下女孩。我家前面就是一片稻田，從小都是在巷子裡和鄰居一起玩，玩到國中才開始唸書。國三時，我推甄考上彰化女中。我的導師送我一本朱天心的《擊壤歌》，因為這本書，我在上高中前就愛上台大了，大學聯考順利考上台大工管系。

　　大學畢業的第一份工作，在一家電腦機殼公司做

業務，每月薪水 28000 元，負責東南亞和韓國市場。平均一季出差一次，包含馬來西亞、新加坡、泰國、韓國、大陸東莞工廠，還有一次到摩納哥的蒙地卡羅參加中東市場的電腦展。雖然薪水不高，但是密集地出差的確開啟了我的眼界，也訓練了自己流利的英文。

我是個工作起來很拚命的人，常常在趕 12 點捷運最後一班發的車回家。由於薪水不多，為了省錢，我和以前大學宿舍的三個室友在中和南勢角捷運站附近，一起合租一間三房兩廳公寓。

我分攤的租金是每個月 3700 元。雖然屋況陽春，不過幾個女生住在一起就是歡樂，我們常常一起開伙，中午就帶前一天晚上煮的菜。就這樣，雖然月薪只有 28000 元，但是一個月還可以存下 15000 元。工作一年半之後，中間經歷了公司業務制度改變，開始有了業績獎金，主管幫我加薪兩次（兩次都是明示加暗示我的直屬主管），我的月薪成長到 40000 元，加上獎金和出差補貼，平均下來一個月約有 60000 多元，終

於不用天天帶便當了！

　　對於一個大學畢業兩年的人來說，70 萬年薪也不算低了，但是，我是個很有「危機意識」的人，為了讓自己的職涯有更多的刺激，我想轉換跑道到外商工作。但是，因為我實在太嫩了，只有 contractor 約聘的職缺有機會。月薪一樣 4 萬元，但是，獎金卻少很多。雖然薪水比較低，但是，可以進入外商，在那個環境裡接受挑戰和激勵自己成長，比收入更重要，所以，我轉職到外商電腦公司約聘的業務工作。

　　為了就近上班，我從中和搬到台北市信義區，租了一間 6500 元的雅房。外商的生活的確多采多姿，我像劉姥姥進大觀園一樣，眼花撩亂。同事們手上拿的、肩上背的，連腳上踩的鞋，都是名牌。我瞬間有了「文化衝擊」，彷彿我的社會生活現在才開始。

　　經歷了前半年的震撼教育，適應力很強的我，也開始「融入」了：我買了人生第一個 LV 包包、第一個

Bally 名片夾，開始逛百貨公司，一雙鞋就是過去一個月的餐飲費。在薪資沒有成長，開銷卻大爆發的情況下，在前公司存的錢全部花完，存摺裡的餘額沒有再增加過，我成了名符其實的「月光族」！

前面提到，即便薪水降低，我還是選擇到外商公司的原因，就是希望能體驗外商工作的環境和訓練。而且，外商的文化鼓勵認真的人，許多工作職缺會優先從「約聘」的同事中挑選（前提是你也要積極爭取）。

轉職後第二年，剛好正職的市場開發經理工作有職缺釋出，我申請第一次沒上，半年後，另一個職缺空出來，我再申請一次，順利上了。接了正職工作之後才是新挑戰。新的工作內容、新的壓力、新的目標，過程中不斷壓縮自己的學習曲線，讓自己的能力提升到新的層次，年薪也從 50 萬提升到 110 萬，加上獎金大約 150 萬。

突然的噩耗，爸爸買股票負債 500 萬

　　就在我每天光鮮亮麗地上班的同時，家裡有一條導火線，我一直假裝看不見。我從大學的時候就知道爸爸有在玩股票，也知道他後來有融資融券，甚至借了一些錢，但是我一直沒有認真去面對它。終於這顆未爆彈爆炸了！

　　2006 年 8 月有一天，我接到媽媽的電話，知道爸爸因股票投資損失負債。一開始以為是 100 多萬，後來又發現有 80 萬、50 萬……好幾筆。

　　為了搞清楚到底債務的洞有多大，我連夜從台北坐客運趕回家，要求全家人在客廳等我，通通不准睡！回到家已經半夜三點多，我把所有的帳單全部攤開來看，才知道所有的款項加起來將近 500 萬！

　　那是個信用卡和現金卡辦卡、借貸寬鬆的年代，卡債風暴在那一年席捲全台，逾 80 萬人淪為卡奴，我

們家成了其中之一。

　　政府為了避免銀行呆帳過高，設計出「債務協商機制」：不管本來欠幾家銀行，將債務整合後，統一對一家銀行，每個月只要還本金，不用付利息，分成十年分期付款。在討論之後，我們申請「債務協商」。

　　轉眼間這件事已經過去 18 年了。我很幸運，這件事發生時，我已經轉成正職，薪水還可以負擔，加上剛好「搭上」政府的「債務協商機制」，每個月分期付款就好。謝謝我的爸爸很大器，讓我可以公開分享這段經驗。

▎碰到問題，先「搞定」再說

　　回頭看，我覺得我爸爸是我的貴人，如果不是因為這件事，讓我領悟得早，還沒 30 歲就決定好好存錢、開始接觸房地產，從收租到自住，開始這一路的開展。

不然依照我當時花錢的習慣，加上保守的個性，對買房可能會繼續觀望。

我很喜歡蔡康永說過的一句話：「不要把『隨遇而安』當成很被動無奈的四個字，我會把它當成一個非常積極而有樂趣的字。『隨遇』是一定的，人生就是隨著我們的機遇在往前走，可是『而安』的『安』，應該把它當成是一個主動的動詞，你碰到什麼機遇，就要把它『搞定』，『安』就是把它『搞定』的意思。」

當發現原來投資失敗，可以讓一個人一生省吃儉用的積蓄化為烏有時，不是逃避投資，而是認真去學一個自己喜歡、願意花時間去研究的投資領域。

這是我生命中的禮物，就算現在生活中遇到什麼困難，我都會想起這四個字，「隨遇而安」，然後努力把它搞定。

房東阿姨給我的啟發

買了第一間、第二間，她的錢都存下來了

家裡的龐大債務，讓我提早面對理財的重要性。

雖然那時每個月要協助家裡償還債務，但是由於「債務協商」分十年每月分期付款，只要還本金，不用繳利息，壓力較小。當時的我工作已漸上軌道，為了有本金可以投資，我開始強迫自己存錢，四年來存了快 300 萬。存錢之餘，我也開始學習投資工具。

我曾做過股票跟選擇權，但因為股票比房地產更不對等（一般人看不到公司真正的狀態），選擇權讓自己沒辦法上班，整天在想什麼價格該賣出，加上我是衝動的人，股票太好進出，反而很難客觀理性。這時候，我想起我結婚前租屋的房東阿姨，發現房地產能做的考慮跟功課比較多，下手前都會深思熟慮，似乎更適合我。

前面提到我轉職到外商公司後，為了上班方便，我搬到台北市信義區，租了一間月租 6500 元的雅房。

這間雅房我只住了一年，就和高中同學在公司附近的永吉路，一起合租一層公寓。公寓裡有三個房間，一間我住，另一間我同學住，剩下一間空房，房東阿姨用來當她的儲藏室。她偶爾會過來拿東西，有時剛好我和室友在家，會和我們聊上幾句。

阿姨才國小畢業，以前是家庭主婦，靠著先生每個月給她的買菜錢，省出了第一桶金，在台北市買了

第一間房子收租。有了房租之後，她存錢速度更快了！透過房租，她存下了第二桶金，搭配貸款，買了第二間、第三間……她說，投資房地產雖然不像投資股票快，卻很穩定，而且，讓她的錢都存下來了！

孩子長大後，阿姨每天爬山、旅遊、跳土風舞，不用靠小孩養她。她說，她的房子以後不打算留給孩子，孩子如果要買，她可以用比行情低一點的價格賣給他們，租金讓他們收，但貸款每期分期付款由他們繳，讓他們明白她當時如何一步步把錢存下來，也體驗收租現金流的好處。

更酷的是，為了怕孩子把房子賣掉，她還要設定「預告登記」，讓孩子哪天要賣房子前需要跟她討論。

一個小學畢業的阿姨如此開明地貫徹自己對孩子的理財教育，讓我大開眼界！也讓我明白：賺得多，也要存得住！而且，一定要有一個理財的主軸，讓自己精實地執行。

仔細想想，我會對房地產這麼有耐心，也許是當時受了房東阿姨的啟發呢！

隱形的小偷：
只有房價追得上房價？

「通膨」就像是一個隱形的小偷，
逐漸掏空我們荷包！

　　很多人都會這麼想：「好好喔！如果我能早一點買房，該有多好！現在房價真的好貴喔！」其實，不管我們喜不喜歡，都必須面對一個逐漸掏空我們荷包、隱形的小偷：「通膨」。

> $ 暴力印鈔 ➡ 暴力通膨；暴力通膨 ➡ 暴力升息
> 持有資產的成本增加

如果我們仔細觀察全世界最大的經濟體—美國的貨幣發行量，會發現：在 1913 年，美國聯準會（FED，負責履行美國央行的職責）剛成立時，美元的貨幣發行量是 38 億美元，到了 2008 年金融海嘯發生前，貨幣發行量為 1 兆美元。2009 年開始了貨幣寬鬆政策（QE），到 2014 年 1 月，已經攀升到了 4 兆美元！

　　從 2009 年到 2014 年，花了 5 年增加 3 兆美元，看起來很不可思議對吧？更瘋狂的還在後面！

　　2020 年初新冠肺炎疫情爆發，美國為了紓困和刺激經濟，在 2020 年 3 月祭出了史無前例的「無限 QE」，這一次，只花了 15 個月，美元發行量就從 4 兆一路攀升突破 8 兆大關！受惠於美元的流通性，加上國債、貸款的調節，使得美金沒有以同樣的速度貶值。不過，跟著美元連動的所有其他貨幣的購買力，都跟著被稀釋了！

　　無獨有偶，歐盟、日本也在瘋狂印鈔票。大規模

印鈔、超低利率，推升股市、房市資產價格。疫情嚴峻期間，資產漲，民生用品漲幅相對溫和，然而當全世界疫情控制後，民生用品也開始補漲。美國消費者物價指數在 QE 後來到 8.99% 高峰，歐洲消費者物價指數也來到 10.62%，台灣相對溫和，消費者物價指數最高來到 3.59%，「貨幣購買力」面臨前所未有的考驗，而房價已經不可同日而語。

　　儘管為了抑制通膨，各國在後疫情時代，採取貨幣緊縮，甚至暴力升息。然而，過去這幾年印的鈔票能完全回收嗎？不能。試想：在通膨年代，今天的 100 萬在 10 年後剩下多少呢？如果每年通膨 3%，答案是：73.7 萬。「通膨」就像是一個隱形的小偷，逐漸地掏空我們荷包！

　　這也是為什麼有人說「只有房價追得上房價」：20 年前，同一個地點，500 萬可能可以買到 25 坪的兩房一廳，現在 500 萬只能買到 10 坪的小套房。如果當初沒買房，省下來的 500 萬變薄了！可是如果花了 500

萬買房，當時 25 坪的兩房一廳，可能變成 1000 萬了！

看到這裡，你可能想：既然「通膨」不能逆轉，那就閉著眼睛買，一定都會賺呀！這就是「經濟」有趣的地方。

當大家一窩蜂地追價買房（有個貼切的形容詞：「錯失恐懼症」，FOMO, Fear of Missing Out）甚至地點較偏的蛋白區由於基期低、加上有題材，漲幅翻倍時，你買進的房子的地點和價格真的可以抗通膨嗎？

尤其當全世界政府債務高築，加上疫情後市，民生經濟還不算真正復甦，當物價飆漲、大家不敢消費、企業獲利衰退、失業率攀升引起「停滯性通膨」的負向循環發生時，追高買進的房子是否一定抗通膨呢？

所以，「挑選物件」和「議價」真的很重要！

房價還會再便宜嗎？

家戶數的成長，可看出房價的趨勢

　　「愛莉，我爸媽都不贊成我們買房。他們覺得房價太貴了！台灣人口一直在老化，以後房子會像日本一樣，房價崩盤，甚至很多日本人寧願租房，也不考慮買房了！」

　　每當提到房市，大家會不會好奇：明明「少子化」、「人口老化」已經是「現在進行式」，房價為什麼還在漲？這是因為，<u>比起「人口數」，還有一個對房市</u>

更關鍵的數字：「家戶數」！

從「需求面」來看，台灣的「人口數」雖然在減少，但是「家戶數」卻持續逆向增加！

「國家發展委員會」在 2020 年 9 月發表了一個報告：台灣每一戶的人口數（戶量）從過去的 5～6 人，下降到 2～3 人。過去大家習慣的三代同堂，漸漸以小家庭為主，即便不結婚或不生小孩，也會想搬出來，獨立門戶生活。

台灣的「家戶數」從 2019 年的近 900 萬戶，預估 2041 年將成長到 1000 萬戶，此後開始下降，預計 2062 年回到 2019 年近 900 萬戶，在 2070 年跌到 791 萬戶。

從「供給面」來看，考量台灣新建案每年供給的速度，和未能順利改建下，老屋因屋齡過高、買方普遍不喜歡的條件下（精華地段、有改建效益的老屋除外）一加一減，只要地點、坪數買對，價格合理，

2062 年前應該不至於因整體供給、需求面問題崩盤。

每戶人口數的趨勢圖

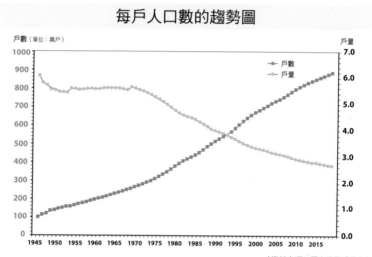

（資料來源：國家發展委員會）

2001 ～ 2070 年全國戶數成長趨勢

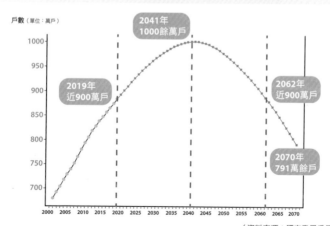

（資料來源：國家發展委員會）

不過，很多日本人不買房子，不純粹是因為房價問題，也跟日本企業提供「租屋補貼」給員工，以及日本法律（「借地借家法」）相對保障租客大有關係。

　　在日本，房東除非有「正當理由」，不能請房客搬家，而所謂的「正當理由」還需要評量租客的需要、租約的狀況、使用狀況和建物現況來判決。所以房東就算要收回來自用，除了要在租約期滿的一年到半年前以書面通知不續約外，很多時候還需要賠償高額的補償金（「立退料」）或替代方案（「代替不動產」）才能請房客搬家。

　　如此不同的國情，也讓日本市況更不容易在台灣複製。

05

租房不買房，人生更精彩!?

可以從「租屋成本」、「對穩定性的需求」、「投資理財習慣」來考量

「愛莉，我看到一個新聞：『巴菲特花 3 萬元買房，65 年後升到 144 萬元，但巴菲特說當年若只租不買賺更多』股神巴菲特鼓勵大家租房子就好，不必買自住房。妳怎麼看這則新聞呢？」一個網友私訊我臉書粉專問我。我上網查了一下，的確有這一則新聞，日期是 2023 年 8 月。

我回他：「我也看過另一則新聞：『窮人存錢、富人存房？巴菲特：30 年房貸是對抗通膨最好的工具』」我把連結貼給他，新聞日期是 2022 年 9 月。

是股神經過不到一年，就換了想法嗎？不是的，是因為從不同的角度切入，本來就會帶出不同的觀點。兩個都對。然而，對錯不重要，重要的是：哪一個適合你？

回答這個問題，可以從「租屋成本」、「對穩定性的需求」、「投資理財習慣」來考量。

「租屋成本」（租金）越高，越建議存錢買房

我們常說，「租金」和「利息」，有幾個共同點很像，就是：每個月都要付，而且，都是丟到水裡就不見了。

如果每個月要付 2 萬元的「租金」，以 2.1% 的房貸利率計算，用「寬限期」或「理財型房貸」（只繳利息不還本金），其實跟貸款 1140 萬每月要繳的「利息」是一樣的。

如果是「本息攤還」，租金 2 萬，也和貸款 533 萬、30 年每月要繳的金額相同（而且每個月繳的 2 萬元裡面，不到 1 萬元是「利息」，有 1 萬元以上是還「本金」，強迫儲蓄）。

所以如果每個月的租屋成本高，建議要開始開源節流存頭期款，買房子會比較划算。

我有一個學員，隻身北上台北工作。本來每個月付 13000 元租套房，租房子租了 10 幾年，決定買房子了。

工具分享

用「可貸房貸的總額試算」，輸入每個月的租金，來看相當於多少的貸款本息。（提供：House123）

她買的是捷運永安市場站走路約 5 分鐘、總價大約 650 萬的電梯大樓套房。因為地點很好，所以就算是小坪數，還是有 2 至 3 家銀行願意貸款 8 成。就算升息，每月房貸利息還是低於過去租金。對她來說，買一間滿足她居住需求的小套房，比租房子更適合她。

█ 「對穩定性的需求」越高，越建議存錢買房

　　有些人的工作和生活還不確定會在哪一個城市發展，就不一定要急著買房子。相反地，到了成家立業甚至生孩子以後，對「穩定性」的需求提高，買房子就是一個相對穩定的選擇。

█ 「投資理財習慣」越差，越建議存錢買房

　　比前面兩個考量更重要的是：如果不買房，你的

錢會不會好好存下來、做理財規劃！

　　股神巴菲特曾說「當年若只租不買賺更多」，是因為他有穩定投資的工具，並且有穩定執行投資的紀律和恆心。就算他不買房，也會把同一筆資金投入他的投資工具中，以他 1965 年至 2021 年每年平均 20.1% 的報酬率來看，1965 年的 3 萬美元，到 2021 年，已經成長為 8.5 億美元，就算他當年花 3 萬美元買來自住的房子，在 65 年後漲到 144 萬美元，他也買得起，而且還可以買很多間。

　　再舉一個例子。我有位前同事，他家人其實有多的房子可以給他住。如果純粹看「居住成本」，沒有一定要買房子，但他還是買了，而且陸續以小換大。

　　我問他：「為什麼會想買房子？」

　　他說：「我是一個透過繳房貸過程中，強迫自己儲蓄的人。我沒有其他投資理財的工具，就只有透過買房

子繳房貸、買的房子有增值，持續『以小換大』。等小孩長大搬家時，我打算『以大換小』，再多換一大筆現金回來，自住換屋的同時，也幫自己存退休金！」

所以，當大家討論「一定要買房，因為老了以後租不到房子」或是「反正房價未來有可能會跌，加上租房子可以一直換新的，為什麼要買房子？」時，更應該討論的是：「如果不買房，你有沒有適合自己、可以打敗通膨、穩定投資的工具？」（我自己設定是每年要大於 6%），以及「你有沒有穩定執行投資的紀律和恆心？」

如果有，就算老了、租不到房子，也沒關係呀！用你成長後的投資本金買一間退休宅也負擔得起。如果沒有工具、也沒有投資的恆心與紀律，租金高、又有穩定的需求，那就買房吧！

我們的人生不是媒體下標題，不用斷章取義。哪一個適合自己，相信自己會有答案。

CALL IN 愛莉

Q 「愛莉，大家常說『繳房租不如繳房貸』，但我只有 1 萬元房租預算，變成房貸真的有可能嗎？」

我們用剛剛 2.1% 的房貸利率計算，如果每個月要付 1 萬元的租金，其實跟貸款 570 萬每月要繳的利息是一樣的，差別在於租金是付給房東，利息是付給銀行。

以貸款 8 成來推算，相當於總價 712 萬，頭期款需準備 142 萬。

這是指只付利息的情況，所以必須搭配寬限期，或直接申請理財型房貸（之前有 20 年、30 年期的理財型房貸，可以在貸款期間只繳利息，不攤還本金。後來金管會規範，期限改為 7 年，目前有理財型房貸的銀行大多傾向 7 年後續約）。

以 1 萬元的租金所承租的房子，推測總價應該不會超過 712 萬，如果實際上總價只有 500 萬（貸款 8 成 400 萬元），同樣每月繳 1 萬元，以貸款 2.1% 來算，每月利息最高 7000 元，還可以有 3000 元的結餘，貸款期間也可以隨時大額還款攤還本金，適合工作有獎金，卻很常花完的人。

▌「租房子」就像「交往」，經驗過才知道

我在買自住房前，在台北租過很久的房子，住過學校附近，也住過菜市場裡面。對於需要爬樓梯的公寓習以為常。

我覺得「租房子」有一個很重要的意義，就是「嘗試」和「體驗」。就像交往過，才知道自己喜歡什麼樣的對象，住過，才知道自己喜歡什麼樣的房子。包含：區域、生活圈、小環境、房子的類型（可否接受無電梯公寓？喜歡大樓？還是喜歡透天？）

談戀愛，可以一個對象從一而終，交往到結婚，不過，對於租房子，多換、多些不同的體驗，會幫助自己未來買房時，更能知道什麼是自己喜歡、或是可以接受的，對於需求的設定、如何取捨，真的很有幫助喔！

從夢幻走向務實：
我買自住房的經驗

這幾間自住的房子之後，我深深的體會
到「計畫趕不上變化」。

先滿足現階段和未來 6 年的需求就好
了，不用一次到位。

06

買房的最大迷思，
想要「一次到位」

我買自住的房子，從「夢幻」走到「務實」

▋買第一間房不需要「一次到位」

　　我開始接觸房地產的契機，來自於家人投資失利，
促使我認真存錢、學習理財。加上結婚之前和高中好
朋友一起合租整層公寓，租金很低，沒有什麼負擔。
結婚之後，又先住公婆家樓上的頂樓加蓋，沒有急迫
的買房需求，所以，我一開始買房子，都是以收租為

🔵 這是我自住的第一間房子，在這裡住了 5 年。

主。一直到我們決定要生小孩之後，因為工作和投資的收入比較有餘裕了，才開始選擇自住的房子。

雖然當時已經接觸房地產好幾年了，但是，遇到要買自住的房子，一開始還是有一些迷思。最大的迷思就是覺得要「一次到位」。

比如我覺得我應該會生兩個小孩（明明那時根本還沒懷孕），這個房子要住到小孩大學畢業，所以我是用要住 20～30 年來評估我們的需求的。

因為我和先生上班都是在捷運文湖線附近，也很看好南港的發展，所以，就在南港經貿園區買了一個坪數 50 幾坪的電梯大樓，加上車位，總價 3000 多萬。

搬進去 3 年後，小孩出生了，南港的機能越來越方便，房子也增值了，但是，大家猜猜看這個房子我們實際住了幾年？只有 5 年。5 年後，因為考量小孩上學和生活圈的關係，決定搬到大安區了。

如果再來一次，我不會第一間房子就買這麼大的坪數，應該要以小換大，慢慢換，不用把資金放這麼多比例在自住的房子上。

建議首購族可以先買小坪數

建議首購族不要太低估自己可能換屋的頻率，我們這個年代跟爸爸媽媽那個世代不同。在爸爸媽媽的年代，因為房價便宜，公設比也不像現在那麼高，可以牙一咬，買使用坪數大一點的房子，住到小孩長大都沒問題！加上當時的貸款利率高，大家買了一間房子，努力還貸款，一住就是 20、30 年，住到最後，可能房貸早就還清了。

所以，在爸爸媽媽那個年代，很多人換屋的時候，都是已經退休的年紀，如果住的是公寓，因為爬樓梯太累，加上市中心公寓的行情好，乾脆把公寓賣掉，換買郊區的小坪數電梯大樓，還可以換一些現金在身上當成退休金。

然而，現在的房價跟我們爸爸媽媽那個年代，真的差異太大。加上公設比高，要一次買到大坪數真的不太容易。

而且現在的貸款利率低，反而租房子的租金越來越高，所以，與其努力想要存到夠多的錢、一次到位，不如先用租金回推你可以負擔的總價預算，再針對你工作和生活的區域，先買一間小房子，以後再換屋，不用給自己太多壓力！

▎買第二間自住房以務實為優先考量

有了第一次的經驗，第二次買自住的房子時，我就變得很務實了。

我們第一間自住的房子權狀雖然 50 幾坪，但扣掉公設，室內含陽台大約 37 坪。如果換新房要維持差不多的面積，買在我們想要的大安區台大校園附近，建物權狀應該也要買到 55 坪左右，以這邊屋齡 15 年內的大樓，一坪平均 100 萬，加車位差不多要買到 5800 萬。這個價格就算可以負擔，也會變成很多錢都放在自住的房子上，會壓縮到投資的配置。

◉ 我自住的第二間房子回歸務實考量：這間房子，我自己設計、
　自己發包，遊戲室還做了溜滑梯和盪鞦韆。兩年後就有建商來
　談改建了！

此外，研究房地產多年的我，很重視房子土地的價值，以前買在南港，是因為南港建設題材多，加上開車和捷運，我和先生上班都方便。這次要買大安區，房價已經很高，加上大安區本來建設機能就很到位，沒有什麼新的題材，反倒是很多建商一直很積極在談地主合建。

所以這一次，我們選擇買無電梯的公寓三樓（一般人住過電梯大樓很難回到無電梯公寓，謝謝我的先生，我們對於爬樓梯這件事沒什麼抗性，反倒可以讓孩子從小習慣爬樓梯運動。）

公寓沒什麼公設，建物權狀坪數 38 坪，室內坪數和以前的家差不多，總價跟買電梯大樓相比省了超過一半，我們可以維持配置大部分的資源在投資理財，不用全部壓在自住的房子身上。

▌遇到危老改建的機會

　　這間房子由我自己設計、發包，遊戲室還做了溜滑梯和盪鞦韆。結果這間房子只住了兩年。因為後來有建商來談改建，建商的品牌和口碑還不錯，加上鄰房是透天、產權單純，從整合到所有住戶簽名同意，只花了半年。建商申請危老重建計畫審閱通過，領到拆除執照和建照後，我們才搬到我們第 3 個家。

　　有同學很可愛，問我：「房子才剛裝潢好 2 年多就要改建，不會很可惜嗎？」

　　我說：「這不是快樂的煩惱嗎？」

　　一般人等改建要等 10 年、20 年，我只等了 2 年，而且建商口碑也很正面。所以，人生很多時候是機緣，機會來的時候要把握住。我當時也幫忙溝通其他鄰居，過程中學到很多經驗，也對我現在其他房子談改建有幫助。

◉ 我自住的第三間房子。住了 4 年，在 2024 年買到新家，又即將搬家了。

▌結論：先滿足 6 年的需求就好了

反倒是經過這幾間自住的房子之後，我深深體會到「計畫趕不上變化」。先滿足現階段和未來 6 年的需求就好了，不用一次到位。為什麼是 6 年呢？

　　因為 6 年剛好是人生一個階段，加上房地合一針對自住優惠的部分規定 6 年，住滿 6 年換屋賣房子，如果有增值，扣掉稅費之後，最多可以有 400 萬的免稅額，超過 400 萬的部分也只要繳 10% 的房地合一稅就好，還有機會申請重購退稅。反倒是地點和價格很重要。

　　第一間房子有增值，未來換屋就會越換越輕鬆。所以，不妨就以 6 年為買屋需求的盤點和規劃吧！

07

當「屋主」，
不當「屋奴」有解方
你的薪水適合買多少錢的房子，算給你看！

「愛莉，我怕買房子之後，生活品質會變得很差。
應該如何評估自己可以負擔的預算呢？」一個年輕的
妹妹問我。

前面提到我買自住房的經驗，是從「夢幻」走到
「務實」的，就是因為：我們應該要當「屋主」，而
不是因為負擔過高的房貸，成為「屋奴」。如何評估

自己的薪水適合買多少錢的房子呢？我整理了 5 個步驟，讓大家一步步具體化自己的需求：

▌ Step 1 決定每月要還款的金額上限

 「每月還款金額」不要超過「家庭收入的 1/3」或「租金預算」。

不讓房貸成為生活的負擔，最理想的情況是：每月房貸本息攤還的金額不要超過家庭收入的 1/3。

例如：假設一個家庭的月收入為 6 萬元，最理想的情況是：每月房貸本息攤還的金額不要超過 2 萬元。

如果這個家庭目前租房子，每個月的租金是 2.5 萬，已經超過家庭收入的 1/3，或是雖然他們現在和家人一起住，但如果要搬出來、需要租房子，租房子的預算是 2.5 萬元，也可以用 2.5 萬的預算作為每月要還款的金額上限。

為什麼有些人買房之後，會覺得自己的生活被綁架了，淪為「屋奴」呢？因為他們每月要還款的金額不是用上面兩種方法推估，而是用銀行願意貸的金額來推算。銀行願意貸多少，就貸款多少，把自己的房貸金額ㄍㄧㄥ到極致，造成生活很大的壓力。什麼意思呢？

 銀行願意用「家庭收入的 2/3」回推貸款金額，雖然貸得出來，卻還得很痛苦。

銀行在計算房貸貸款人的還款能力時，通常會計算貸款人的「收入支出比」：「支出 / 收入」最高不超過 2/3。這裡的「支出」，就是每月房貸本息攤還金額，「收入」就是每月的收入。如果一對夫妻一起買房，其中一個人為貸款人，另一個人為保證人，由於收入和負債會合併計算，這個「收入」就相當於「家庭月收入」。

以前面這個家庭為例，假設一個家庭的月收入為 6

萬元，如果用銀行的「收入支出比」來計算，每月房貸本息攤還的金額最高可到 4 萬元，相當於買房之後，每月有 4 萬元要拿來繳房貸，只剩下 2 萬元作為生活開銷和理財規劃。壓力真的很大！

為了讓買房後的生活有餘裕，我建議最好還是用家庭收入的 1/3 或房租預算，來作為每月要還款的金額上限比較好。

Step 2　用試算工具算出可以買的總價

決定「每月要還款的金額上限」之後，可以用這個金額作為每月貸款本息攤還的預算，套用「可貸房貸總額試算工具」回推總價和貸款金額。

試算工具

（提供：House123）

假設前面這個家庭決定以 2.5 萬作為「每月要還款的金額上限」，以貸款 8 成、30 年貸款、房貸利率 2.1% 來推算，可購買的房屋總價為 834 萬元，貸款金額為 667 萬元，需準備頭期款金額為 167 萬元。

Step 3 回推想要的：區域 / 類型 / 坪數

算出房屋總價後，依據自己目前設定的區域、平均行情來回推可購買的坪數。

假設總價 834 萬，區域行情均價為 35 萬 / 坪，不需要車位，可以購買的建物權狀為 23.8 坪。推估室內面積，如果是無電梯公寓，因為通常只需要扣梯間，室內約有 22 坪，如果是電梯大樓，假設公設比 33%，那麼室內約為 16 坪。

我有一位學員，結婚前和另一半租房子，每月租金剛好就是 2.5 萬元，後來結婚後在桃園以 840 萬買了

電梯兩房加車位，貸款 714 萬，頭期款 126 萬。以房貸利率 2.1% 推算，每月貸款利息約為 1.25 萬元，以 30 年房貸，每月本息攤還也才 2.67 萬元（其中有超過 1.4 萬元是在攤還本金），只比之前的租金高一點點，卻能透過繳房貸的過程，每個月強迫儲蓄存下超過 1.4 萬元。

▌ Step 4　改用：寬限期 / 理財型房貸

！注意　僅適用於「家庭收入高、有付款能力，只是不希望每月貸款支付金額占家庭收入太高的人」

如果這個總價，買不到喜歡的房子怎麼辦？最安全的方式，就是重新調整需求，在「坪數」、「類型」、「地點」間做取捨。例如：坪數從大到小、新的電梯大樓改為華廈或是無電梯公寓、地點從市中心換到通勤 30 分鐘內可以接受的近郊。

如果權衡之後，這些需求真的無法取捨，而且，你的家庭收入很高、有付款能力，只是不希望每月貸款支付金額占家庭收入太高，影響生活和理財的餘裕的話，有另外一種兼顧「買房自住需求」和「每月房貸負擔」的方式，就是：使用「寬限期」或「理財型房貸」，以 Step1 算出來的「每月要還款的金額上限」作為每月繳貸款「利息」的預算，回推總價和貸款金額。

假設前面這個家庭維持以 2.5 萬作為每月要還款的金額上限，但使用「寬限期」或「理財型房貸」，只繳利息、不攤還本金（貸款期間仍然可以隨時大額償還本金，只是每月要繳的房貸裡只需要繳利息），那麼，以房貸利率 2.1% 來推算貸款金額，2.5 萬 x12 個月 / 2.1% ＝ 1428 萬，以貸款 8 成回推，可以負擔的總價為 1785 萬元，需要準備的頭期款為 357 萬元。

剛剛說，這個方式只適用於「家庭收入高、有付款能力，只是不希望每月貸款支付金額占家庭收入太

買房 TIPS

我的薪水適合買多少錢的房子

| **Step 1**
決定每月要還款
的金額上限 | • 最佳解：家庭收入的 1/3
• 次佳解：目前租房的租金預算
• 最差解：家庭收入的 2/3 |

Step 2
用試算工具算
出可買的總價

以 **Step 1**「每月要還款的金額上限」作為每月貸款本息攤還的預算，用「可貸房貸總額試算工具」回推總價和貸款金額。

Step 3
回推想要的：
區域 / 類型 / 坪數

例如：假設總價 834 萬，單價 35 萬 / 坪，不需車位，可買權狀 23.8 坪。推估室內面積，無電梯公寓約有 22 坪，電梯大樓約 16 坪（假設公設比 33%）。

Step 4
改用：寬限期 /
理財型房貸

如果 **Step 3** 推估出來的總價預算不夠怎麼辦？改以 **Step 1**「每月要還款的金額上限」作為每月繳貸款「利息」的預算，回推總價和貸款金額。

＊ STEP4 僅適用於收入高、有付款能力，但不希望每月貸款支付金額占家庭收入太高的人。

Step 5
自備款：資源盤點
/ 存錢計畫

依照上面 **Step 2** 和 **Step 4** 的總價和貸款金額，推估需要的自備款，進行資源盤點和存錢計畫。

高的人」。

　　如果你符合這樣的條件，雖然需要的頭期款和銀行對於收入的要求比較高（因為貸款金額提高），應該都不會造成困難。不過，如果有任何一項條件不符合，真的建議還是從「調整需求」（坪數、類型、地點做取捨）著手喔！

▍ Step 5　自備款：資源盤點／存錢計畫

　　用 Step2 和 Step4 算出來的總價和貸款金額，來推估需要的自備款，開始進行資源盤點和存錢計畫囉！

　　透過這五個步驟，可以兼顧需求與買房後的現金流，讓買房後一樣保有生活與理財的餘裕喔！

Q 「試算房貸時，要用 20 年還是 30 年比較好？我知道 30 年算出來的貸款預算比較高，可是我真的不想繳那麼久的房貸……」

大家都知道，房貸年限越長，每個月的付款壓力越小，不過整體繳的利息卻越多，這時候應該怎麼取捨呢？

其實，大部分 30 年房貸的銀行都沒有限制提前大額還款，所以，建議還是可以先辦長一點的年限，降低自己繳款的壓力。當資金有餘裕時（例如：領到季獎金或年終獎金）一樣可以提前還款，只要把錢存進去房貸帳戶，打去客服說：「幫我把多存的錢扣走，我要還本金。」就可以了！

提前還本金，計算的利息就會變少，即使之後每個月繳一樣的錢，用來攤還本金的比例也會變多。這樣就可以降低房貸繳款的壓力，又可以降低房貸實際繳款的利息、提早清償房貸喔！

08

當理想 vs. 現實，
面臨取捨的方法

首先是選擇房子的「類型」，
因為它決定了你的「預算」和「區域」！

有一句話說得很貼切：「理想很豐滿，現實很骨感。」

如果要大家開出「夢想屋」清單，大家一定希望地點方便、室內坪數大、有電梯、環境好，最好還要有庭院或露台。

不過，考量到自備款和需要負擔的貸款，針對不同條件的取捨就有必要了。畢竟「理想」是不斷累積堆疊來的，不用一步到位，但仍然要能滿足最關鍵的「需求」，才不會失去買自住房的目的。

取捨1 買屋的「類型」決定了你的「預算」和「區域」

第一個要和家人有共識的，就是房子的「類型」，因為它決定了你的「預算」和「區域」！

舉例來說，假設某區域，無電梯公寓均價每坪 25 萬，大樓每坪 40 萬。而你需要的室內坪數是 25 坪。

如果買的是無電梯公寓，扣掉梯間，只要買權狀 27 坪就夠了。總價預算 27 坪 x 25 萬 / 坪 = 675 萬元。

如果買的是電梯大樓，假設公設比 33%，一樣室內

▲ 公寓雖然沒有電梯，但坪數非常實在！

25 坪，建物權狀坪數就需要買到 37.3 坪（25/0.67=37.3 坪）。總價預算 37.3 坪 x 40 萬 / 坪＝1492 萬元，是 675 萬元的 2.2 倍！

這時候，如果要維持 700 萬預算，又想要電梯大樓，怎麼辦？只能犧牲「坪數」（權狀買 17.5 坪，室內只剩下 11.7 坪），或是換「區域」（找大樓均價每

坪 18.7 萬的區域）。在居住人口不變的情況下，要大幅犧牲「坪數」的機率不高，最後只能重新考慮「類型」、增加「預算」、或換「區域」。所以，「類型」決定了你的「預算」和「區域」！

取捨 2 小宅可以買嗎？

有很多年輕人寧願坪數小、也想要住新房子。如果想買小宅的話，要注意什麼呢？

先確定「室內坪數」真的夠用

如果你看的是屋齡較新的電梯大樓，公設比動輒 30% ～ 35%（有些小基地的建案，公設比甚至高達 40%）。如果權狀坪數已經很小，扣掉公設後，室內的使用面積更小。例如：建物權狀 16 坪，室內坪數（主建物＋陽台）可能剩下 10 坪左右。

如果你看的是中古屋或新成屋，可以實際丈量室

內尺寸做規劃。如果你看的是預售屋，也可以請建商提供「尺寸圖」和參考的「家具配置圖」，而且記得確認它的尺寸有沒有含「牆壁的厚度」喔！

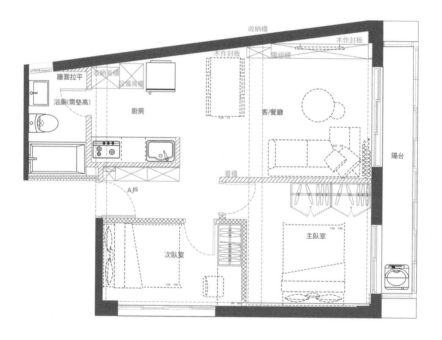

● 這是我之前分戶的物件。18 坪的公寓，雖然屋型不是很方正，但創造出標準 2 房 2 廳 1 衛浴 1 陽台，每個空間都有對外窗，是坪效很高的小宅！

買房 TIPS

3 個方法評估小宅是否適合購買

1 評估一層幾戶、出租比例：

　　許多小坪數建案，因戶數多，一層甚至高達 10 ～ 20 戶共用兩個電梯，社區出入較複雜。中古屋的話，記得跟管理員打聽出租的比例，也觀察一下社區的管理做得好不好喔！

2 評估每坪單價是否合理：

　　小坪數因為低總價，單價有時候會比鄰近行情還高，在議價之前，一定要先做功課 ，確定單價還在合理的範圍內再考慮，千萬不要只看總價，忽略了單價。

3 事先確認銀行貸款條件：

　　如果房子坪數合用、議價也順利，接下來就要貸款了。如果建物權狀（不含車位）小於 15 坪，或是「主建物」和「附屬建物」（如陽台）小於 12 坪，通常會被銀行認定為「套房」。因為有許多銀行不做套房，或是給的貸款成數很低、利息很高，最好在買之前就先確認銀行貸款條件。也可以要求在斡旋和合約上加註但書：「如果第一順位的房屋貸款不到成交總價的八成，雙方同意無條件解約。」

平心而論，「小宅」中，我比較推薦兩房的格局。

舉例來說，假設買權狀 12 坪的套房，銀行貸款 6 成，跟同一區域，權狀 24 坪的兩房，銀行貸款 8 成，兩間的頭期款其實是差不多的。

那麼，真的完全不建議買「套房」嗎？倒也未必。假設某一個區域的套房需求很高，但供給很少，你想要收租等增值，那也無妨。

或是你買的套房有「階段性任務」，例如：你目前自住真的不需要太大的空間，或是，有些爸媽為了孩子的學區，會先在理想的學區買一間套房，方便孩子設籍就讀，這些都屬於「階段性任務」。

除了這些理由之外，不建議買建物權狀坪數小於 15 坪的小套房，建議直接買兩房會比較實住和保值喔！

取捨 3　老屋可以買嗎？4 大評估重點告訴你

除了「類型」和「坪數」外，另一個常見的取捨條件就是「屋齡」。

在房市熱絡時，不只預售屋、新成屋熱，就連屋齡高的老房子，價格也屢創新高。到底老房子可不可以買？會不會不好貸款？甚至未來不好脫手呢？

老屋有很多優點：坪數實在（尤其是沒有電梯的公寓）、總價比較好入手，加上很多老房子都是在早期就發展起來的市區（新房子比較多的，大部分都是在比較市郊、新興的重劃區）。如果喜歡市中心的機能，加上總價的考量，可能就會考慮屋齡高的房子。

不過，老房子的問題也不少，這些問題你在買房時，一定要好好觀察。

第一個是常見的漏水問題。在買之前除了要先仔細看屋外，也要確認「現況說明書」上，屋主對於屋況的聲明。必要的話，複看時請師傅一起去估價，會比較精準。如是需要鄰居配合才能修繕的漏水，建議直接放棄。

◉ 老屋的漏水問題，可大可小！只要不需鄰居配合就可以修繕，而且還沒傷害到結構安全的，就是可以處理的。

第二個是結構安全。不知道大家有沒有注意到，許多屋齡老一點的大樓都穿裙子（在外牆外面多加了好幾圈網子），就是為了防止上面的磁磚掉下來。此外，由於過去的建築技術規範對於耐震標準比較不嚴謹，加上鋼筋混凝土有它的使用壽命（畢竟我們的房子不像歐洲的古蹟，常常在保養維護），所以，地震來時總是會比較擔心。

第三個是管線老舊。很多人都知道，如果屋主已經20、30年沒有換過管線，裝潢時最好換一下。尤其電開關箱、電的迴路和總配電，最好都請師傅檢查一下。不過，只有我們自己一戶更換其實是不夠的，如果鄰居的管線老舊不處理，導致用電發生危險，受害的可能是整棟鄰居。

◭ 有些房子在外牆外面多加了好幾圈網子，就是為了防止上面的磁磚掉下來。

第四個缺點是：對房子未來的保值性沒有信心。畢竟，如果現在屋齡已經40年，預計要住個10年，未來換屋時屋齡已經50年了，還會不會有買方願意買，也是許多人猶豫的原因。

用電安全檢查

總開關 (30A)
→進屋的電線(主線)小於14mm2，
總開關小於35A，建議更換且加大
至14mm2，總開關50A

◉ ▷ 屋齡高的房子，最好
重新更換管線，尤其
是用電安全，絕不可
以輕忽！

所以，到底屋齡老的房子可不可以買呢？有 4 個評估重點：

評估 1　土地條件：

房地產＝房子＋土地。當房子因為屋齡高，導致殘值越來越低時，如果因為地點好、土地持份大，土地增值幅度大，這樣一來一往，房子整體還是有機會增值。

如果土地使用分區、臨路寬度、街廓面積條件很好、附近新成屋的價格很高，甚至可能有機會和建商合建。

但是，如果土地價值不高，就不建議買老屋！

評估 2　結構安全性：

大家普遍覺得房子屋齡高、結構比較不安全，不過，如果大家看花蓮和台南大地震倒的房子，甚至是921 地震災情嚴重的社區，會發現很多都是 20 多年的房子，以這種屋齡，很多人可能不會把它歸類為「老

屋」，反而旁邊屋齡更高的房子經過地震卻沒有倒。

看屋時，除了注意樑柱、外牆、樓地板有沒有裂縫、有沒有傾斜、鋼筋外露、磁磚掉落等，還有一些結構上的眉角，在看屋時可以特別留意。例如：如果想買的是電梯大樓，社區建物的形狀愈簡單愈好，如：一字形、口字型（通常是用伸縮縫切開，由四棟一字形所組成）、其他的ㄇ字形或 L 字形也是一樣的道理。

如果是沒有伸縮縫的大 L 型、T 型、U 型、V 型等不規則平面配置（如台南維冠大樓、花蓮雲翠大樓、統帥飯店），在大地震時就會比較危險。

除了房子的形狀之外，還有一種常見的危險結構就是「軟腳蝦」。現在的高樓建築都有經過技師的設計，建商也都會有嚴謹的結構計算書。

比較擔心的是某些老舊建築的一、二樓磚牆被任意拆除作為賣場、超商、餐廳等，大地震來時，一、

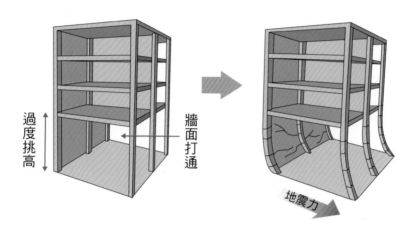

過度挑高　　牆面打通　　地震力

● 921 地震倒塌很多的沿街店鋪住宅，都有一樓牆量極少的特性（也是標準的「軟腳蝦」建築）。

二樓少了原來的磚牆來分擔地震衝擊，或是像有些公寓一樓連排房子、好幾個門牌，一起打通成一個店面（921 地震倒塌很多的沿街店鋪住宅，都有一樓牆量極少的特性，也是標準的「軟腳蝦」建築），或是懸挑式騎樓的老舊大樓（如花蓮大地震的統帥飯店)、開放空間大樓、或使用不當的住商混合大樓，就很容易有「軟弱層」，在地震時發生倒塌。

評估 3 不同市場，對於老屋的接受度：

在雙北市，因為發展得早，平均屋齡偏高，又比較少腹地可以蓋新房子，所以，大家對於老屋的接受度比較高，甚至在台北市，每成交 2 戶，就有 1 戶的屋齡超過 30 年。

但在其他縣市，例如桃園，屋齡 2 年以下的就佔了將近 3 成，每成交 2 戶，就有 1 戶的屋齡在 10 年內，和台北相反。或是像台中，你問很多台中的朋友，屋齡 25 年以上的房子考不考慮，他們可能直接打叉。所以，不同的市場對於老屋的接受程度，也會影響房子未來增值的空間和賣屋的速度。

評估 4 事先詢問貸款條件：

老屋的貸款條件，和地點有很大的關係。如果地點好，因為銀行認為土地還是有價值，真的不難貸款，成數還是有到 8 成、85 成，只是貸款年限可能從 30 年變 25 年或 20 年。但是如果地點較偏遠，屋齡太高的房子真的比較不好貸款。所以，在斡旋之前，最好先

⏺ 我自住的第二間房子後來改建囉！預計 2024 年夏天交屋。

問過銀行會比較放心喔！

取捨 4 要不要買車位？

除了房子的條件外，「車位」也會增加總價預算。買房時要不要買車位呢？除了考量你的需求外，也要評估「車位」對「房子」是加分還是扣分！

如果你買的是小坪數的兩房或套房，因為主要訴求是「低總價」，如果大眾交通機能方便（例如：近捷運）或大部分人都騎車，就不一定要買車位，因為「車位」會讓總價變高，以後要賣反而不好賣。

相反的，如果你買的是三房或大坪數，就算你現在不需要車位，也會建議搭車位一起買，車位可以先出租。因為日後如要換屋轉售，會買大坪數的通常家裡有小孩或長輩，會有車位需求。如果社區的車位不好租，這時候「有車位」反而是加分喔！

買房 TIPS

自備款要準備多少？

項目	計算方式	案例
頭期款	總價 x 15% ～ 20%	新北市板橋區某公寓，屋齡 29 年，權狀 27 坪，買 780 萬，貸款 8 成，頭期款 =780 萬 x 20% =156 萬
仲介費	總價 x 1% ～ 2%	同上例，假設收 1%，仲介費 =780 萬 x 1% = 7.8 萬
契稅	「房屋評定現值」的 6%	中古公寓與新大樓差很大，如為台北市加上「路段率」，就會差更大。上例的板橋中古公寓實際繳約 1.4 萬元，同年台北市信義區信義路五段，屋齡 15 年、27 坪的大樓，實際繳 11 萬，落差很大！
印花稅	「房屋評定現值」+「土地評定現值」的 1/1000	上例的板橋中古公寓實際繳約 3600 元，信義區電梯大樓實際繳約 2 萬元。
登記規費	（房屋評定現值 + 申報地價總額）× 0.1% + 書狀費	上例的板橋中古公寓實際繳約 1000 元。

貸款設定登記費	銀行貸款設定總額 × 0.1% ＋ 書狀費	上例的板橋中古公寓貸款 624 萬，銀行設定總額為 624 萬 x 1.2＊= 748.8 萬。 貸款設定登記費 = 748.8 萬 x 0.1% = 7488 元。 ＊因為房貸是「最高限額抵押權」，所以設定金額會以貸款金額 x 1.2 倍
代書費	通常費用約 16000 元～ 20000 元，跟土地、建物筆數有關	上例的板橋中古公寓代書費為 17000 元。
履約保證費用	總價 x 萬分之六，買賣雙方各負擔一半	上例的板橋中古公寓，總價 780 萬，履約保證費用 =780 萬 x 0.06%/2 = 2340 元。
裝潢	依照屋況和需求決定	

＊特別要注意的是：如果買的是預售屋，交屋前會需要繳「暫收款」，多退少補，內含：契稅、印花稅、政府規費、代書費用，和「天然氣外管費用」（政府規定水電、電信的外管線由建商負擔，天然氣外管費用由建商和買方約定，通常建商會約定由買方付），光這個費用超過 10 ～ 15 萬是很常見的，簽約時記得先問「暫收款」預計多少金額。

09

這些年，我不再買預售屋的原因

很多人在首購時，都喜歡看預售屋，
但精打細算的我，卻選擇「眼見為憑」

在設定買房需求時，常常遇到很多人想要買「預售屋」。不諱言的，「預售屋」有很多優點：分期付款、可以選戶、可以客變格局、未來交屋是全新落成的新屋……然而，預售屋的缺點與風險也非常高。

其實，在House123剛成立時，我們曾經提供過「團購建案」的服務：在 2012 年～2014 年，那幾年房市很

熱，針對預售屋和新成屋，靠著「團購議價」的優勢，
找到有興趣的買方一起來湊團。

「價格有沒有優惠呢？」
「有的。」
「是不是每個買方買的房子都增值呢？」
「不是。」

2016 年市場買氣急轉直下，可是，幾年前預售的
案子才陸續交屋。不管之前團購拿到的折扣有多少，
在市場修正時，大家的價格都買高了。

這是為什麼，我之後對於市場的變化總是十分謹
慎，對於「地點」和「價格」的判斷十分保守。

更何況，預售屋的「莊家」，永遠是「建商」。
有太多不平等的合約條件，就算內政部有「定型化契
約」的規範，建商還是能找到規避的方法，以「自行
磋商條款」改成對建商有利的方式。

　　舉例來說：目前法規對於預售屋的交易安全保障仍然不足、建商在坪數找補條件動手腳、和買方自行磋商協議將交屋款從法定的總價百分之五，調為不符合比例的 5 萬至 20 萬元、或是交屋後格局、空間、外觀設計不符預期……更不用說工安事件頻傳，很多買方買了之後後悔也求助無門，而且大部分的預售屋賣的都是「未來價」。所以，你等房價上漲，建商也不是吃素的，乾脆把房價未來幾年預期會上漲的空間加上去再賣給你。

　　加上原物料漲價和缺工，都是正在發生的現在進行式。所以，大部分預售屋的價格，通常比旁邊屋齡 5 年內的社區還要貴，有些預售屋合約乾脆把交屋期限延長到 8～10 年……這些都是為什麼就算房市後來恢復熱絡，我們也不推薦預售屋的原因。

　　有些人說：慎選建商品牌可以降低這些風險。

　　當然，避掉「一案建商」是必要的，然而，就算

是口碑良好、知名的建商，也發生過交屋後地下室車位嚴重漏水的個案。與其把風險押寶在「運氣」，何不選擇可以「眼見為憑」、好好看屋的成屋呢？

🔵 預售屋因為還沒蓋好，可以參考的就是格局圖、模型和樣品屋。

CALL IN 愛莉

Q 「如果先決定先理財，之後再買房，需要注意年齡嗎？會不會很難貸款？」

．．

　　貸款時，因為銀行會考慮到貸款人的付款能力，所以「年齡」會影響「貸款年限」與「承貸的意願」。一般銀行常以「貸款年限」和「年齡」加起來不超過 75 年為限（部分銀行有放寬年限），如果貸款人年齡 50 歲，貸款年限通常最高為 25 年，同時衡量財力和收入來源。

　　如果年齡越高，銀行評估財力後，對貸款人屆臨退休年齡的付款能力有疑慮時，可以提供配偶或二等親當保證人，來增加銀行承貸的意願。

10

進場的時候，就要想出場

「增值」的空間，在「買」的當下，
就已經決定了

　　我常說：「除非你的錢真的很多，不然，就算是買自住房，在進場的時候，還是要想如何出場。」

　　「自住的房子，有沒有增值重要嗎？」你可能想問。

　　當然重要！首先，如果你人生可能會換屋，第一

間房子有沒有增值，基本上決定了你之後換屋是越換越困難，還是越換越輕鬆。

就算人生都沒有要換屋，如果想要「以房養老」，在不賣房子的情況下，每個月讓銀行給你生活費，房子有增值也會比較容易。此外，如果你結婚了，房價有漲，夫妻的感情也會比較好，比較不會有受害者心態（「當初都是你說要買！你看！房價跌了！」）每個月繳房貸也會比較甘願。

「那『進場的時候想出場』是什麼意思呢？」你接著問。

對於「自住增值」這件事，很多人都是「自住」「等」「增值」：買一個房子，然後「等」它增值。其實，「增值」的空間，在「買」的當下，就決定了！

除了房子本身的條件（屋齡、樓層、格局、通風、採光、屋況……），你買的地點未來賣的時候好賣嗎？

（機能、供需、題材、小環境……）以及你買入的價格（總價、單價），決定了它未來的客群與增值空間。

有人說做生涯規劃時要「以終為始」，其實買房子也適用！在買房子之前，就要有「有一天可能會換屋」的想法在心裡。所以，如何評估房子、如何議價，非常重要！

買房 TIPS
什麼是「以房養老」？

　　「以房養老」貸款在這幾年很常見，其實台灣從 2015 年年底，就有銀行推出「以房養老」了。隨著台灣人口逐漸老化，有越來越多人在銀髮階段，需要有現金流來安享天年。所以內政部推出「以房養老」這樣一個「不動產逆向抵押制度試辦方案」。

　　我們可以簡單把它想成一種「增貸」的概念，只是一般的貸款都是一次撥款（一次給貸款人一大筆錢），「以房養老」是核貸額度，但每月逐月逐次撥款，有點像用「房子」增貸出「年金」的概念。只是因為有計算利息，所以每月撥款的「年金」金額會越來越低（例如：假設可以貸款 1000 萬、30 年，前面可能每個月領 3 萬，但第 15 年開始，可能每個月剩下 2 萬，逐漸遞減。）

　　而且一般貸款，如果貸款人年紀太大，會無法承作，或需要年輕的二等親當保證人，而「以房養老」反而要年滿 60 歲以上才能申請。

　　如果要辦「以房養老」，銀行會針對房子估價，提供一個額度。如果貸款額度可以核撥 30 年，銀行就會在未來 30 年，每月撥款「年金」給貸款人。如果貸款人在這 30 年

內身故，就由繼承人來還款。如果 30 年到了，但貸款人還在，就由貸款人自己還款。

還款的方式有三種：

1 **用現金一次還：**假設 1000 萬的額度，已經撥款了 300 萬，可以直接還 300 萬。

2 **讓銀行把房子拍賣還款，如果有多的錢，再給屋主或繼承人：**假設 1000 萬的額度，已經撥款了 300 萬，房子拍賣 900 萬，多的 600 萬扣掉法拍執行費用後給屋主或繼承人。

3 **以本利攤還的方式慢慢還。**

「以房養老」對於台灣人口老化是不錯的政策，而且逐月撥款可以避免長輩一次領一筆錢被詐騙或亂投資，導致養老金化為烏有。雖然台灣人喜歡留資產，不喜歡留債給孩子，不過，對於沒有孩子、但有一間自住房的長輩，或是雖然有孩子，但孩子沒有辦法固定給生活費，那麼，「以房養老」就是一個不錯的方案，讓「資產」化為「年金」，老年沒有壓力，也增加生活的餘裕。

買增值的房子，容易進入 3 大誤區 ① ：重劃區

5 大關鍵幫你評估會漲的「重劃區」

「愛莉，我知道『進場時要想出場』的概念了，可是，難就難在現在看的房子雖然有一些題材，但我不知道價格安不安全？會不會追高呢？」

每當某個區域有建商密集推案時，打開媒體都會看到鋪天蓋地的利多資訊。進場之前必須衡量風險和利弊得失，並有正確的期望值，不然結果可能讓你大

失所望。

▌熱門的重劃區一定漲？

這幾年，許多縣市都盛行過「重劃區」的題材。棋盤式的街道設計、電線全部地下化，而且，所有社區都退縮留出人行道，比起舊街廓的老舊無章，走起來就是比較舒服。過往也的確有許多重劃區漲了幾倍的案例。

不過，買重劃區一定會漲嗎？有五個重要的關鍵，讓我們一起來解析重劃區的祕密。

▌關鍵 1 重劃區通常會經過幾次 「盤整」，要先撐得住！

買「重劃區」前，先看看「灰姑娘」理論：「『灰姑娘』變成『王妃』的過程，要先挺住各種艱辛，你挺得過嗎？」

　　我尊敬的前輩田大全田總，曾經分享過一段話：「重劃區有一個『灰姑娘』理論：灰姑娘本來灰頭土臉，坐上南瓜馬車變成公主，還跟王子一起跳舞。在 12 點敲鐘之後，她又變回灰姑娘，要等王子幫她套上玻璃鞋之後，才變成王妃，和王子從此過著幸福快樂的生活。」我覺得這個比喻實在很聰明。

　　每個重劃區都會經歷這樣的生命週期：購地或徵收、規劃申請、建設話題炒作、話題冷卻／房價修正、建設話題再發酵（如果還有建商持續推案）、房價飆高、建設落成，實際入住率決定房價有無支撐和成長。

　　很多重劃區在建商推案之前，在地人根本不會考慮買那一區的房子。當建商開始大量推案後，媒體持續曝光這個重劃區，開始有些外地買方來看屋，有自住客，當然也有投資客。房子蓋好後，投資客陸續賣。我們統計過，社區戶數的 5%～10% 拿出來賣是常態。如果是投資客為主的建案，甚至高達 20%。

這時，如果這個重劃區大部分的建案都已經蓋好了，建商沒有持續下廣告，那這一區的曝光就會少很多。如果遇到有人急著賣，價格可能就會打亂。通常要等蓋好 3～5 年以後，價格才會慢慢回穩，必須撐過這段盤整期。

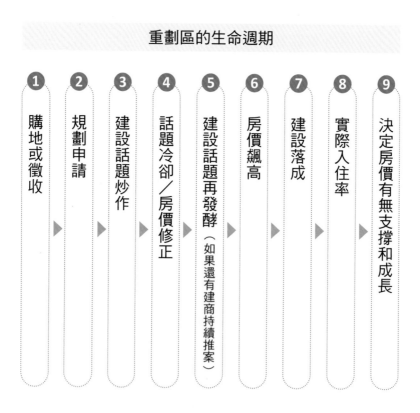

重劃區的生命週期

① 購地或徵收 ▸ ② 規劃申請 ▸ ③ 建設話題炒作 ▸ ④ 話題冷卻／房價修正 ▸ ⑤ 建設話題再發酵（如果還有建商持續推案）▸ ⑥ 房價飆高 ▸ ⑦ 建設落成 ▸ ⑧ 實際入住率 ▸ ⑨ 決定房價有無支撐和成長

　　舉例來說，林口的 A9 新市鎮、三峽的「北大特區」，這幾年遷入人口越來越多，房價水漲船高，有好的建案釋出也很快就賣掉，可是別忘了，林口和三峽也曾經是大家口中的「林三淡」空城，經過很多年的漲跌更迭，期間也出現過大量賣壓，更有許多人在跌價時認賠殺出。就連相對新興的桃園青埔高鐵重劃區，也歷經波折。所以，<u>如果要買重劃區，要耐得住長夜才能等到黎明。</u>

關鍵 2 腹地大小，太大 vs.太小

　　「價格」取決於「供給」和「需求」。這樣聽起來，最好腹地越小越好，房子蓋少一點、供給越少，價格越高。真的是這樣嗎？

缺點 1 區域生活機能通常需要仰賴旁邊舊市區

　　腹地如果太小，就很難撐起完整的生活機能，生活都要靠旁邊的舊市區來供應，很難有好的發展。

缺點 2　題材少、發酵期短

很多時候，一個區域的優點，是靠建商的廣告和媒體持續曝光所發酵出來的。如果腹地真的太小，在銷售期，新聞題材一直都有曝光，但建商賣完房子以後，整個區域的曝光就少很多，可以拿來發酵的題材也比較少。

缺點 3　賣壓大、賣屋速度慢、價格亂、盤整期拉長

不過，腹地如果過大也不好。剛剛說過，重劃區都會經過一段盤整期。當腹地過大，很多人賣房子，賣壓就會很重。不見得房價沒有漲，但是房子都會賣比較久，價格也比較亂，盤整期就會更長一點。

關鍵 3　「機能完備的時間」與「房價天花板」

在生活機能完備之前，
房價不應該超過附近最貴的區域。

在重劃區剛獲得關注的初升段，預售屋／新成屋的價格如果低於附近成熟商圈屋齡 10 年左右的房子 20% 以上，就是理想的取得時間。舉例來說，前幾年很熱門的央北重劃區，一開始的推案價格比起旁邊最貴的大坪林捷運站周圍均價，便宜 20% 以上，加上建商推案多以標準兩房、三房的實住型產品為主，獲得許多自住買方青睞。

到了中期，隨著建商推案曝光越來越多，雖然建設還沒完全到位，但價格會一直想要挑戰附近最貴區域的房價天花板，如果超過，其實就是房市不理性的反應。後市就要看整個重劃區的建設、機能發展的情況。

所以，在生活機能完備之前，除了房價不應該超過附近最貴的區域外，也要能接受機能還沒到位前的「機能黑暗期」。

關鍵 4 建商與建案的位置

> 不要用重劃區均價行情評估房子，
> 建商品牌、位置差很大！

很多重劃區都有同樣的狀況：大家開價都差不多，但建商等級差很多！另外，重劃區這麼大，距離捷運遠近可能差很多，旁邊街廓條件可能也不一樣（有的旁邊鄰近的是公園，有的是工廠或其他嫌惡設施……），所以也要挑位置和建商。

關鍵 5 格局與坪效

> 「總價」比你想得更重要！

這幾年大部分的建商都變聰明的，主要規劃 22 ～ 36 坪的小兩房、小三房。比起之前很多重劃區都推 50 ～ 100 坪大坪數，搭 2 ～ 3 個車位，還要聰明！畢竟房價

🔹 權狀 17 坪電梯大樓，規劃標準的 2 房 1 廳 1 衛浴 1 陽台，就是
同一區域低總價的兩房！

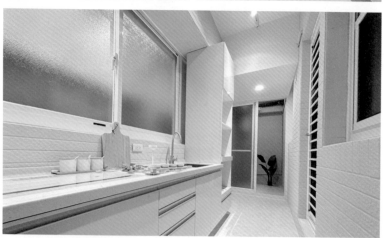

🔺 權狀 17 坪電梯大樓，規劃標準的 2 房 1 廳 1 衛浴 1 陽台，就是同一區域低總價的兩房！

越來越高，未來的房市，很重視「坪效」和「總價預算」，所以，在比較重劃區的建案時，除了「單價」之外，也要一起考慮「總價」喔！

　　跟大家分享，我第一間自住的房子，就在台北南港經貿重劃區。我們買的時候，連一間便利商店都沒有。外食不方便，那個年代也沒有 App 的外送軟體，跟以前住公婆家樓上，樓下對面就在賣臭豆腐，真的差很多！我就是在買了那個房子之後，學會煮飯的（哈哈！）這也算是附加的優點吧！

買增值的房子，容易進入
3 大誤區 ② ：人口成長區

就算區域人口成長，買的價格一樣很重要

如果把「人口淨遷徙」作為「需求」的指標，認為人口成長的區域房價就一定會漲，感覺很合理吧？但一定是這樣嗎？

每當房市熱絡時，市場瀰漫「現在不買，之後可能買不起」的恐慌，身為房價領頭羊的預售屋，價格更是屢創新高。2012 年～ 2014 年是疫情前的上一波市

某預售案，實價登錄成交價

交易年月	門牌	樓層	總價 (萬)	總坪數	成交單價 (萬/坪)
104 年 3 月	環西路二段 226 巷 1-30 號	十層	840	30.03	**31.64**
房屋坪數 30.48 坪		單位坪數 8.54 坪		車位總價	60 萬

註：此預售案在 102 年預售，104 年交屋，此實價登錄
的「交易年月」為「交屋」時間。

> 買對區域，
> 一定就增值？

當旁邊 3 年成屋，**16.8 ～ 19.5 萬 / 坪**

交易年月	門牌	樓層	總價 (萬)	總坪數	成交單價 (萬/坪)
102 年 2 月	環西路二段 280 號	十一樓	750	34.82	**19.5**
房屋坪數 30.78 坪		單位坪數 4.04 坪		車位總價 150 萬	
102 年 1 月	環西路二段 300 巷	十五層	665	34.52	**16.9**
房屋坪數 30.48 坪		單位坪數 4.04 坪		車位總價 150 萬	
102 年 1 月	環西路二段 300 巷 1-30 號	九層	575	29.32	**16.8**
房屋坪數 25.28 坪		單位坪數 4.04 坪		車位總價 150 萬	

> 預售案
> 應該買多少？

場多頭，當 2015 年、2016 年市場出現觀望，甚至房市反轉時，追價、買貴的，就可能出現斷頭危機。

以下面這個案子為例：以 2016 年～2020 年的人口淨遷徙來看，桃園市位居全台六都之冠，其中又以中壢區為首。然而，如果我們觀察中壢某一個建案，就會發現：明明就在交通、機能不差的地點，為什麼 2013 年預售時銷售熱絡，卻在 2015 年交屋後，房價直掉，即便有多戶撐到 2019 年，房價仍以之前預售取得的價格打七折認賠出售，相當於賠掉頭期款還要貼錢，只求還掉貸款、無債一身輕。到底哪裡錯了呢？

如果回頭看當初 2013 年預售時，這個建案旁、屋齡 3 年的社區行情每坪約 16～19 萬，這個預售案每坪卻要賣 26～28 萬，甚至有多戶成交 30～31 萬。等 2015 年蓋好交屋後，即便比旁邊的社區年輕 5 年，仍然面臨殘酷的比較，導致想賣的人不得不以每坪 18～20 萬認賠出場。諷刺的是，在寫這本書時，隔壁屋齡比它高 5 年的社區，近一年的成交均價還高於它。

該預售屋案，完工後 **4** 年轉賣，實價登錄

交易年月	門牌	樓層	總價 （萬）	總坪數	成交單價 （萬／坪）
104 年 3 月	環西路二段 226 巷 1-30 號	十層	**840**	30.03	**31.64**
房屋坪數 21.49 坪		車位坪數 8.54 坪		車位總價 160 萬	
108 年 8 月	環西路二段 226 巷 1-30 號	十層	**560**	30.03	**18.61**
房屋坪數 21.49 坪		車位坪數 8.54 坪		車位總價 160 萬	

> 840 萬變 560 萬，
> 還掉房貸斷頭⋯⋯

　　所以，就算區域的人口是成長的，買的價格還是很重要，預售屋可以參考鄰近屋齡 5 年內的社區行情，一旦超過 15% 就不合理。

買增值的房子，容易進入
3 大誤區 ③：未來捷運區

未來捷運不見得是增值保證，
關鍵在「這個」……

　　前面提到，在市場大多頭時追價，在房市反轉時受傷的另一個常見的利多題材，就是「未來捷運」。

　　我們來看看下面這個案例：台北松山捷運線預計在2014年底通車，2013年某一個預售案開始銷售。當旁邊屋齡5年內的社區每坪行情大約 70～72 萬，這個預售建案每坪要賣95～130萬元（依不同樓層、面向而異）。

　　結果 2014 年交屋後，連續 8 年房價都沒有回到預售時的成交行情，有多戶以之前預售取得的價格打七折認賠出售，寫這本書時，這個社區還有 15% 左右的屋主拿出來賣。

成交日	地址 / 社區名	樓層	成交屋齡	總價	每坪單價	總坪數	公設比
103/01	八德路四段 636 號八樓之 9 翔譽 101	8/13	0 年	**1905 萬**	**102.92 萬**	18.51 坪	35.98%

成交日	地址 / 社區名	樓層	成交屋齡	總價	每坪單價	總坪數	公設比
107/06	八德路四段 636 號八樓之 9 翔譽 101	8/13	4 年	**1400 萬**	**75.63 萬**	18.51 坪	35.98%

雖為小坪數，仍不敵房價修正壓力，
交屋後 4 年，跌價 505 萬，跌幅 26.5%

看完這些迷思，要記得：不管是重劃區、人口成長的區域、或是有未來捷運題材，你考慮的建案和旁邊鄰近的社區，其實都享有同樣的環境條件，所以，一個預售建案要賣的價格，如果比旁邊屋齡 5～10 年內的社區高出 15% 甚至 25%～30% 以上，就完全不合理。

　　這樣的建案交屋後，即便當初的利多因素如期發生，一樣會面臨修正的壓力。所以，不是這些條件沒有加分，而是當時的取得成本真的太高囉！

　　評估物件時，鄰近區域行情也很重要，不要低估區域行情的影響力！

有紀律的存錢，
才是長大的開始

透過「買房」的里程碑，重新檢視自己
的工作、生活、理財的習慣，為自己打
造「升值」的基礎。

14

別搞錯了！買房只是
人生其中一站，不是目的地！

透過「買房」，讓自己能重新檢視自己工作、
生活、理財的習慣

　　隨著房價高漲，網路上討論區有兩類主題，常常讓人感到遺憾。一類是覺得買房遙不可及，存錢的速度遠不及房價漲的速度，就算有買自住房的需求，也決定長期租房，直接放棄買房的夢想，把錢花在消費、旅遊，還比存錢買房實在。另一類則是買房後壓力好大，覺得人生被房貸綁架了，不敢花錢、甚至不敢換工作，後悔自己買房。

　　雖然這兩種感覺是完全不同的情況，但其實都源自於：把「買房」當成地圖裡的「目的地」。一個過早放棄往那裡前進，另一個則是為了到達那個目的地，失去了整條路可能的風景。

　　對於要不要買房，我在上一章分享了從「租屋成本」、「對穩定性的需求」和「投資理財習慣」來評估，而這其中最關鍵的考量，就是：「如果不買房，你有沒有適合自己、可以打敗通膨、穩定投資的工具？」以及「你有沒有穩定執行投資的紀律和恆心？」

　　如果你雖然不買房，但是錢有透過定期定額的方式存下來，投入穩健的理財工具，每年有 6% 以上的投報率，只要能有紀律的操作，就算老了、租不到房子，也沒關係！用你成長後的投資本金買一間退休宅也負擔得起。

　　如果你沒有穩定的工具和紀律，加上租金費用高、又有穩定的居住需求，就認真幫自己設立存自備款的

目標吧！先從務實的地點、類型、坪數條件，讓自己有能力買房！這時候買的不只是「房子」，更是「人生目標」：透過「買房」，讓自己能重新檢視自己工作、生活、理財的習慣，為更長遠的人生做準備。

繳房貸是強迫儲蓄嗎？

這一陣子，台灣股市很熱絡。很多網友說：「買房子不如買台積電，買了房子就不能買台積電了！」也有人說：「買房雖然投報率不見得比較好，但至少透過繳房貸，強迫儲蓄，有把錢留下來！」有沒有兼顧的方式呢？

「『繳房貸』就是『強迫儲蓄』」這句話幾乎大家都聽過，不過，這還要看你繳的是「利息」還是「本金」喔！只有還「本金」的部分才是「強迫儲蓄」，「利息」的部分就和租金一樣，都是丟到水裡就不見了！都是「費用」的概念！

我們來看看幾種不同的選項：

選項 1　**買房，每個月繳 3.7 萬，30 年後，還完 1000 萬房貸：**

買房，貸款 1000 萬、30 年、不用寬限期、年利率 2.06%，每個月要繳房貸約 3.7 萬元。其中，初期約有 1.7 萬元是繳利息（費用），2 萬元是還本金（儲蓄）。也就是說：透過買房、繳房貸，每個月強迫存下了 2 萬元。

房貸繳款試算工具

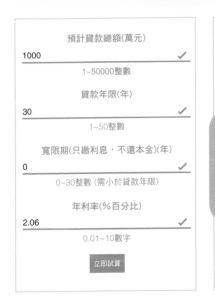

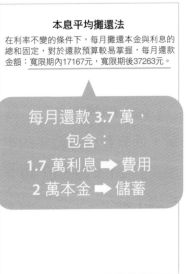

本息平均攤還法

在利率不變的條件下，每月攤還本金與利息的總和固定，對於還款預算較易掌握，每月還款金額：寬限期內17167元，寬限期後37263元。

每月還款 3.7 萬，
包含：
1.7 萬利息 ➡ 費用
2 萬本金 ➡ 儲蓄

選項 2 租房，每個月繳 3.7 萬，30 年後，
擁有 2018 萬現金：

不買房，用本來繳利息的這 1.7 萬元拿來當租金預算，繳租金給房東，並且很有紀律的，每個月把本來要還房貸本金的 2 萬元，以定期定額的方式投入年化報酬率 6% 的投資工具，並將所有獲利全部留在同一個理財帳戶中，持續投資。跟揹房貸一樣，每個月有紀律的操作 30 年。對照下表，30 年後這個理財帳戶裡的錢會變成 2 萬元 x1009 倍 =2018 萬。

一樣每月支出 3.7 萬，在租金和貸款利率不變的情況下，選項 1 和選項 2，你選哪一個呢？

你可能說：「我不確定耶！現在不貸款 1000 萬買房，就算我很有紀律的定期定額投資理財 30 年，本金成長到 2018 萬，但 30 年後的房價比起現在會不會漲超過 1 倍？」

每月定期定額投入年化報酬率 6%
本利和速算表

定期定額投資期間	速算本利和
10 年	每月投資金額 x164 倍
15 年	每月投資金額 x292 倍
20 年	每月投資金額 x464 倍
25 年	每月投資金額 x696 倍
30 年	每月投資金額 x1009 倍
35 年	每月投資金額 x1431 倍
40 年	每月投資金額 x2001 倍

　嘿！有沒有可能我們既保有 1000 萬成長到 2018 萬的投資績效，又能鎖住買房的成本，不因為通膨而擔心未來房價負擔不起呢？

　有的！只繳息、不還本的「理財型房貸」就是為了因應這樣的需求！我們來看看選項 3 ！

選項 3 買房，搭配「理財型房貸」，每個月繳 3.7 萬，30 年後，還掉 1000 萬房貸，還多出 1018 萬現金：

　　一樣是貸款 1000 萬，每月繳 1.7 萬利息，把本來每個月要還本金的 2 萬，有紀律的、以定期定額的方式持續投入年化報酬率 6% 的投資工具。就算中間都不換房，30 年後，用這個投資帳戶裡的 2018 萬現金，還掉 1000 萬貸款，可以得到一間沒有房貸的房子，還多出 1018 萬的現金。

　　當然，要這樣操作的前提必須要有年化報酬率 6% 的投資工具，因為這筆錢算是貸款來的，雖然付的是利率相對比較低的房貸，但也還是貸款，所以，最好投資比較穩定一點的工具，避免大起大落或血本無歸。此外，還要有每個月定期定額投資的紀律與恆心，不可以有惰性、更不可以不小心把它花掉。

　　而每個月「還房貸本金」之所以常被說為「強迫儲蓄」的原因，就是因為：只要你選擇本息攤提，每

個月時間一到，銀行就會扣走房貸金額。就算換屋，攤還的「本金」也會變成現金還給你。以前面的例子來說，總價 1200 萬元，頭期款 200 萬、貸款 1000 萬元，每個月還 2 萬元的本金，還了 6 年後，假設還了 150 萬，貸款餘額剩下 850 萬。

如果這時賣房子，假設扣掉買賣稅費，一樣實拿 1200 萬好了，1200 萬扣掉貸款餘額 850 萬，可以拿回 350 萬的現金，其中 200 萬是之前的自備款拿回來，另外 150 萬就是中間攤還的本金，變成現金還給你。就算不賣房子，因為貸款越剩越少，有一天如果需要用錢，只要信用條件良好、房子的估價也 ok，就可以跟銀行辦「增貸」，把中間還的「本金」貸款再借出來。這就是透過還房貸、強迫儲蓄的意思。

所以，買房之後，適合用理財型房貸、搭配定期定額投資方式讓本金長大？還是乖乖繳房貸、強迫儲蓄比較好？就看你的紀律和理財習慣。就算最後選擇乖乖還本金，至少是自己評估後、最適合自己的理財

方式，執行起來會更踏實、安心。

就算是已經還完房貸的房子，如有投資理財的需要，也可以請銀行估價，搭配「回復型房貸」等「理財型房貸」，在一定額度內有動用才計息，可隨借隨還、不需另外審核，而且利率優於信貸，讓買房以後也能有理財的餘裕喔！

有一句話：「沒有財富，哪來自由？」這句話說得沒錯，因為人生有許多責任和自由都需要財務來支撐。然而，另一個說法：「沒有自由，何謂財富？」也是同樣真實。選擇適合自己的操作，「買房」與「生活品質」不一定是互斥的二擇一喔！

15

盤點自己的資源：確認位置，設立目標，明確就是力量

做自己的財務報表，整合資源，創造遠景不是空話

　　有一次和學妹聊天，從南部來台北讀書、工作的她，出社會 5 年，一直有買房的計畫。她跟我說：「學姊，我的困難不在於每個月繳房貸，而在於買房前要拿出一大筆自備款。我已經很努力在存錢了，本來以為存三年應該可以買房，沒想到房價又漲了，需要更多的自備款才能買房，存錢的動力又沒了！真的好洩氣啊！」

除了存錢的速度比不上房價成長的速度外，「萬物漲，唯獨薪水不漲」的就業環境，也讓很多年輕人直接放棄存錢。因為存錢實在太辛苦了，如果為了一個眼看著根本做不到的目標，不如直接放棄比較快。

到底要怎樣存自備款才能追上房價呢？

首先，第一步要做的就是「資源盤點」。我非常推薦大家可以用「個人資產負債表」和「個人收入支出表」，來盤點自己的資源。

工具分享

House123 粉絲頁

之前我在文化大學進修推廣部開課，把我個人存錢、理財的工具——「六個帳戶」+「個人財務報表」，分享給大家。很多學員反應非常受用，如果你也想索取「六個帳戶」、「個人財務報表」的 EXCEL 表格，歡迎到我們的粉絲專頁私訊小編，提供信箱，小編將分享我使用多年、非常實用的表格給你！

財務報表格式

• 收入支出表

收入支出表（月）					
本月收入		本月支出規劃	預算分配	設定 預算比例	每月應花費 之預算金額
薪資收入	$35,000	1. 財務自由帳戶 _ 股票與基金投資	$2,000	5.7%	$2,000
獎金	$0	2. 長期儲蓄帳戶 _ 緊急預備金	$2,000	5.7%	$2,000
xx 收入	$0	3. 教育訓練帳戶	$5,000	14.3%	$5,000
		4. 貢獻付出帳戶	$1,000	2.9%	$1,000
		5. 休閒娛樂帳戶	$4,000	23%	$8,000
		5. 休閒娛樂帳戶 _ 年度旅遊基金	$4,000		
		6. 生活支出	$17,000	48.9%	$17,000
總收入	$35,000	總支出	$35,000	100%	$35,000

• 資產負債表

資產負債表				
資產		負債		備註
自住屋市值	$5,000,000	自住屋房貸 -xx 銀行	$3,000,000	年息 2.15%
股票市值 - 股票庫存總額	$883,000	信用貸款 -xx 銀行	$800,000	年息 2.5%
基金市值 -ETF	$575,000	保單借款 -xx 人壽	$25,000	年息 5.5%
銀行存款 _xx 銀行 (財富自由帳戶)	$150,000			
銀行存款 _xx 銀行 (「薪轉戶」、「生活支出」帳戶，可搭配「簽帳金融卡」)	$18,200			
銀行存款 _ 子帳戶 1 (教育訓練帳戶)	$3,500			
銀行存款 _ 子帳戶 2 (休閒娛樂帳戶)	$2,000			
保單價值 (長期儲蓄帳戶)	$300,000			
子帳戶或零存整付帳戶 (長期儲蓄帳戶，作為緊急預備金)	$12,000			
子帳戶或零存整付帳戶 (休閒娛樂帳戶，年度旅遊基金)	$36,000			
總資產	$6,979,700	總負債	$3,825,000	
淨資產	$3,154,700	我今年的淨資產 目標!!一定達成	xxxxxxx	

備註：此表格以 P153「六個帳戶」實踐版的案例為範例。

盤點的項目包含：手邊有多少錢可以動用？有沒有保單？預計什麼時候到期？工作有沒有預期的獎金或收入？長輩有沒有可能資助？如果長輩有機會資助部分金額，很幸運、也很感恩，如果真的不行，也沒關係，我們自己創造我們需要的資源。先確認目前的位置，「明確」就是力量！

　　如果你有另一半，我非常鼓勵兩個人一起填。「愛情是有詩有遠方，生活是柴米油鹽醬醋茶。」填表的過程中，除了盤點資源外，也是瞭解彼此消費習慣和價值觀的好機會。我有很多學員都是和另一半各自填表，一起討論，我真的覺得很棒。別忘了，「買房」只是人生其中一站，不是目的地！但是藉由這個過程，雙方有了共同的願景，開啟了投資理財的對話，一起設立目標，一起努力創造，比起來這個更珍貴呢！

　　完成資源盤點，知道目前明確的位置之後，針對自己設定的房子條件，計算需要存的自備款目標，不足的部分，就需要開始存錢囉！

開源節流一起來，存錢才會快

升遷、轉職、斜槓……透過「開源」，
持續升級成為更好的自己

　　有一次到銀行的講座演講，結束後，一位屆齡退休的媽媽來前面問我：「愛莉，有企業家說：『薪水沒有 5 萬千萬不要儲蓄』，他認為年輕人出社會就儲蓄，是錯誤的觀念。在月薪達到 5 萬元之前，辛苦賺的錢應該拿去拓展人際關係，用在有意義的地方，累積人脈才對。結果我兒子現在都用這個當理由，說他不要存錢！」

我問：「那他把錢用在哪些有意義的地方？」

她說：「一天到晚跟朋友吃飯呀！一年出國兩次！手機用的永遠是最新的！最近跟我說他要買車！他說：『錢沒有不見，只是變成喜歡的東西。』我都不知道怎麼說他了！」

其實，這位企業家說的沒錯。在薪水到達一定數字之前，「省吃儉用、把錢存下來」的確不是最重要的。不過，這不代表我們可以理所當然揮霍的花錢喔！而是要帶著「開源」的企圖心，「分配」自己的消費。

因為每個人的時間都是有限的，而且，相信我，在你有「意識」的花錢之前，你每個月賺 3 萬和賺 6 萬，對你長期「生命品質」的貢獻度，可能也是完全一樣的。但是，如果我們帶著「開源」的企圖心，來分配時間和預算，不僅更容易存到錢，更有機會幫自己的人生升級！

▌升遷、轉職、斜槓……透過「開源」，持續升級成為更好的自己

　　為什麼那位企業家會建議「薪水沒有 5 萬千萬不要儲蓄」呢？因為「開源」是無限的，我們今天賺 1 塊錢，有機會訓練自己明天賺 2 塊錢，後天賺 3 塊錢，也可以買有收益的資產，每天多賺 4 塊錢。而「節流」是有限的，如果我們停留在每天賺 1 塊錢，再怎麼節省，也不會超過 1 塊錢！

　　而在薪水到達一定數字之前，如果我每個月收入 3.5 萬元，就算省吃儉用，一個月存了 1.5 萬元，很厲害吧！但是，如果我們把錢和時間花在投資自己的能力，讓自己的收入成長到 8 萬、10 萬，對於存錢的效率和品質，是不是更有幫助呢？

　　那要如何「開源」呢？我認為提高自己賺錢的能力，可以從三個方面進行：

方法 1　本業收入

　　這幾年「斜槓」很熱門，其實，把「本業」做好，增加「本業收入」，也可以創造「跳躍式」的成長。我的第一桶金是工作累積來的。我有很多學員，也是透過轉職和升遷，提高收入，並累積能力。

　　我常說：「起薪不重要，但要找一個可以累積能力的工作。」就算目前的待遇不盡理想，只要能在短時間內，建立很陡的學習曲線，都是值得的。以我的第一份工作為例，雖然起薪 28000 元不高，但是，公司授權我每季出差一次，拜訪東南亞、韓國的客人，甚至還代表公司到蒙地卡羅參加中東市場的電腦展……讓我有很多單槍匹馬、海外出差的經驗，訓練膽識和眼界，當公司業績成長時，我也勇敢明示加暗示，希望老闆能幫我加薪，讓工作和收入更平衡。

　　除了在原來的領域持續精進外，「轉換跑道」也是增加收入的策略。如果你在原來的工作已經到了瓶頸，不妨問問自己：「有沒有什麼工作用得到我的專

長，是我喜歡、別人需要、也是收入更高的？」

　　我有一個學員的先生之前在遊戲產業擔任設計師，復興美工升學班畢業的他，以全國前 15 名的術科成績進入台北藝術大學。雖然待遇不錯，但是，他一直思考有沒有更能發揮才華的工作。有一次和他們夫妻約在咖啡廳，他提到他正在學習霧眉、飄眉。兩年前，我想幫自己的眉毛霧眉，詢問之下發現他不僅開了工作室，還做得有聲有色。雖然經歷了疫情，但憑藉著美感與專業打造的好口碑，工作室的預約始終滿檔，許多藝人都是他的客人。我相信他的收入和成就感都不斷成長著。

方法 2　斜槓收入

　　若說這幾年職場熱門的關鍵詞，「斜槓」應該排得上十大。

　　外送員、便利商店、餐飲業……都是斜槓的熱門選項，尤其是時間彈性的外送員，搭上了「懶經濟」，

市場急速擴大，投入外送員工作的人也越來越多。利用閒暇時間兼職、創造收入，看起來沒有損失，然而，這真的是斜槓的好選項嗎？

每份工作都有辛苦的地方，「收入」和「付出」是否平衡，跟自己的主觀感受有關。不過，選擇「斜槓」時，不妨可以從兩個地方著手：

1. 什麼是我擅長、而且喜歡的事？
2. 符合第一項的工作裡，有沒有經驗可以累積，而且越做越輕鬆？

例如：有些媽媽想幫孩子做 Line 的 Q 版貼圖，但是沒有美編能力怎麼辦？所以，一個工作因此誕生：幫孩子和寵物做 Line 貼圖的設計師。我幫兒子做過 Q 版貼圖：一組 24 張，設計師收費 1500 元。我非常喜歡，轉介紹了很多朋友。設計師為了上架、審核方便，把他設計的貼圖全部用他自己的帳號上架。有一天，我心血來潮算了一下，他的帳號下面，居然有 500 多

個作品。如果一組貼圖 1500 元，這兩年接了 500 個 case，相當於賺了 70 萬元，就是一個蠻好的「斜槓」收入。

Line 貼圖設計是「接 case」的方式。雖然因為熟練，做得越來越快，甚至和客戶的溝通流程都有 SOP。但是，它有一個缺點：必須持續投入時間，如果哪一天不接 case 了，收入就中斷了。有沒有其他「斜槓」收入可以有不同的模式呢？

我有一個學員在金融業工作，因為對投資理財有興趣，上了很多課，也看了很多投資理財的書。他把上課和看書的心得寫成文章，放在部落格，開始有流量後，就有了「聯盟行銷」的機會，而且，文章持續累積，越多人看到他的文章，他在 google 關鍵字搜尋的排序就越前面，流量成長越快，而且因為熟悉貸款的授信原則，也開了貸款相關的線上課。這樣的「斜槓」收入，不僅可以打造個人品牌，還可以越做越輕鬆。就算他去度假一個月，他的部落格和線上課程還

是會幫他產生收入。完全符合「擅長」、「喜歡」，而且可「累積」！

方法 3 投資收入

不管是台股、美股、ETF、房地產……各種投資領域，都有人累積財富。所以，與其問「哪一個最好賺」，不如問問自己：「對哪一項投資工作最有耐心？」、「它是否可以穩健的持續累積？」

我從 27 歲開始學理財，股票、期貨、選擇權、房地產都接觸過，後來覺得比較喜歡房地產，專心看房。最高紀錄一個月看了超過 50 間，週末都在看房。29 歲時，我在中和遠東 ABC 園區附近買了第一間公寓收租，32 歲才開始買自住的房子。

從接觸房地產以後，我就很認真在存錢。我老公常問我為什麼這麼喜歡房子，看房子都不會累，斡旋、議價也不會緊張，只能說房地產真的很契合我。

　　相反的，我先生最喜歡的是股票。研發出身的他轉換跑道到創投已 15 年，看產業報告、資源整合是他的興趣，也是他的專業。他看「公司」就像我看「房子」一樣，是看得到價值和潛力的。每次聽他和同事講電話，我都很崇拜，可能和他聽我講房子也覺得很崇拜一樣（有嗎？）

　　對我來說，不管是精進「本業」、發展「斜槓」、學習「理財」，除了「開源」之外，也是看見自己的潛力和其他可能性。

　　所以，講座時我請那位媽媽跟孩子說：「這是你辛苦賺的錢，你要怎麼花是你的事。媽媽知道你很有自己的想法，也希望有更好的收入。把錢用來旅行、閱讀、上課、和朋友聚餐……都很有意義。媽媽對你只有一個小小期待：帶著『開源』的企圖心，有『意識』的花錢就好，不管工作或投資，都越來越精進，這樣你辛苦賺的錢就花的很有價值喔！」

分配預算，讓自己成為自己的「公積金」

用「六個帳戶」，管理財務帳目

除了積極「開源」之外，培養「節流」的習慣也是必要的。如果你完全沒有儲蓄的習慣，就算收入再高，還是沒辦法存到錢，因為人的「慾望」是無限的，所以「慾望」是需要「管理」的！

說到「節流」，一般人想的就是樽節支出，想辦法不花錢。錯！其實最好的「節流」習慣，是「預算

分配」！

我非常喜歡《有錢人想的跟你不一樣》一書中所提及「六個帳戶」的概念。作者哈福・艾克（T. Harv Eker）把每個月的收入依照不同比例，分到六個帳戶：

六個帳戶

帳戶 1 **財務自由帳戶 (10%)：**

用來買可以獲得「被動收入」或是讓錢長大的投資，例如：股票、基金、買房收租……而且，所有獲利都要繼續保留在這個帳戶裡，才能擴大本金，加快投資獲利的速度！

帳戶 2 **長期儲蓄帳戶 (10%)：**

為了「未來需要的支出」事先做準備。例如：孩子的教育基金、買自住房子的自備款、父母的養老金等。當然，也可以當成預留的應急資金喔！

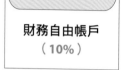財務自由帳戶
（10%）

長期儲蓄帳戶
（10%）

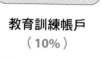教育訓練帳戶
（10%）

休閒娛樂帳戶
（10%）

貢獻付出帳戶
（5% ～ 10%）

生活支出帳戶
（50% ～ 55%）

帳戶 3　教育訓練帳戶 (10%)：

　　可以用這個帳戶裡的錢，買書、上課，投資自己。報了課，就一定要上完，並在工作和生活中用「實驗」的方式，把學到的東西用出來。「應用」才是學習的目的。

帳戶 4　休閒娛樂帳戶 (10%)：

　　編列預算到「休閒娛樂帳戶」，而且「一定要花掉！」你可以每個月都花掉這筆錢，如果你喜歡出國旅遊，也可以累積一季或半年，再一次花掉。

帳戶 5 **貢獻付出帳戶 (5% ～ 10%)：**

這個帳戶只能用在公益性質。你可以把這筆錢捐給關注的慈善團體，或用它來幫助有需要的人。有一句話說得很好：「付出不會延緩財富累積的速度，卻能豐富你獲取財富時的快樂」。

帳戶 6 **生活支出帳戶 (50% ～ 55%)：**

用來支付生活中「必要」的費用，如：電話費、水電、房租、餐飲、交通等。如果這個帳戶超出收入的 50% ～ 55%，就要想辦法簡化生活。當收入增加時，比例可能降低到 40% 甚至 30%。

▌我的「六個帳戶」實踐版

上面的比例是作者在書裡建議的數字，不過，在人生不同階段，這個比例應該不一樣，而且只要養成習慣，習慣就成自然了。

我的作法是，假設你的薪資是每個月 35000 元（扣掉勞健保以後，且先不計算季獎金或年終獎金），每月 5 號發薪，你可以用 3 張「簽帳金融卡」[*1]（分別當成「教育訓練」、「休閒娛樂」和「生活支出」專用，發薪的第一天就用網路銀行，把錢依照比例轉到這 3 個「簽帳金融卡」帳戶）和一個 ETF 帳戶、兩個「零存整付」[*2] 帳戶或選擇有活期存款專案的子帳戶（把 ETF 和「零存整付」的定期定額扣款日期設定為每月 6 號），輕鬆搞定六個帳戶：

　　●**財務自由帳戶**：每月定期定額投資 2000 元到 ETF，扣款日設定為發薪日的隔天。我不建議因為收入少，就完全放棄投資。先有開始，養成習慣，等未來收入成長，就可以提撥更高比例。

備註

1 可用提款機提款，也可刷卡付款，但刷卡支付額度以帳戶存款餘額為限。
2 只要做好約定，銀行就會幫你每個月扣一筆金額到定存帳戶裡。

● **長期儲蓄帳戶**：每月定期定額「零存整付」2000元作為不時之需（例如：換手機、醫藥費……），扣款日設定為發薪日的隔天。與其說它是為了存第一桶金，不如說是為了讓生活有餘裕，可以應付突如其來的開銷。

● **教育訓練帳戶**：每個月編列 5000 元上課、買書，用「教育訓練」專用的那張「簽帳金融卡」刷卡。因為預算已經在發薪日那天分配到專用帳號，有多少餘額清清楚楚，加上簽帳金融卡不可能刷超過額度，而且消費明細就是記帳明細，非常方便。

● **休閒娛樂帳戶**：每個月編列 4000 元，和朋友聚餐、看電影、展覽、戶外活動，全部刷「休閒娛樂」專用的「簽帳金融卡」（一樣在發薪日那天分配到專用帳號）。另外，每個月定期定額「零存整付」4000 元，扣款日設定為發薪日的隔天，相當於一年 48000 元，作為旅遊基金。旅遊時可以使用信用卡，累積信用記錄。

●**貢獻付出帳戶**：找一個關注的團體，每個月定期定額扣款捐款 1000 元，扣款日設定為發薪日的隔天，也可以選擇用信用卡。

●**生活支出帳戶**：每個月編列 17000 元作為食衣住行的日常開銷，能刷卡的一定刷卡，但一定用「生活支出」專用的「簽帳金融卡」（一樣在發薪日那天分配到專用帳號，或者因為其他帳戶的錢都已轉出，就用原薪轉帳戶就好），手機費用、外送叫餐、計程車叫車……一律綁定這張卡自動扣款。此外，這張卡最好有「悠遊卡」功能，可自動加值，還可用來支付便利商店等消費。皮包裡的現金可以用這個帳戶的金融卡提款，用來支付其他日常小額，因為金額不高，且沒超過預算額度，抓大放小，不用掛心。

▋乖乖記帳，知道錢的流向

在收入還不高時，有些人的生活支出費用可能佔

了收入 60% 以上，這時候乖乖記帳 1 ～ 2 個月真的很有幫助。

　　我認為，過好生活，豐儉由人。如果發現房租費用太高，可以像我以前一樣，跟朋友一起分租整層公寓，費用會比套房少一半以上。或是如果情況允許，先住家裡也是一個省錢的選擇（記得：降低「居住成本」才能有「居住」的「更好版本」）如果餐飲費太高，可以用替代方式獲得同樣的滿足，例如：想喝咖啡時，自己泡濾掛咖啡。如果覺得這樣有點刻苦，幫自己找個「自我感覺良好」的「儀式」。例如：之前上節目，聽賴憲政憲哥說：他每天用星巴克的杯子幫自己泡咖啡。我認識一個女生她只喝開水，她每次喝開水都覺得自己變健康又變美……這樣的生活是克難嗎？我不覺得，我覺得很有生活的「態度」，而我非常欣賞有態度的人。

　　如果有獎金的話，可以把獎金分配到「財富自由帳戶」（尤其在你開始研究理財工具之後）、「休閒

娛樂帳戶」（來個壯遊）、教育訓練帳戶（幫自己的能力升級），都是很有意義的。

我非常欣賞新加坡的「公積金」制度：它強制規定由每個人每個月的薪水裡提出 20%，並由雇主另外提撥出 16%，存進去個人的「公積金」戶頭。這個帳戶可以用來作為投資計畫、終身醫療、教育基金、購買房屋、老年退休等用途。目前台灣沒有這樣的制度，但是，我們可以幫自己執行。

「存錢」不但不會犧牲生活品質，反而因為做好「預算分配」讓生活更有餘裕、更能兼顧現在與未來！

如果你跟我一樣，從「理債」開始「理財」，恭喜你！

先學會止血，重新學習財商

從我出版上一本書《小資族大翻身》之後，偶爾會有一些讀者私訊到我的臉書粉專：

「愛莉，我大學畢業的第一天就揹了快 50 萬的學貸，有時候我真的蠻後悔念大學，好像高中畢業直接出來工作還比較划算……」

「愛莉，我爸媽中年創業，貸款 200 萬，開了一家餐廳，撐了 2 年多，在上個月收掉了，爸媽需要我幫忙一起還貸款，距離存錢買房又更遙遠了……」

如果你和我一樣，還沒「理財」就開始「理債」，恭喜你！你比其他人更有好好理財的動機。我很幸運，剛開始工作不久就因為家人負債，開始努力存錢。如果你也有債務要處理，請務必掌握幾個重點：

重點 1 先止血

債務本金加上利息，持續滾動之下是很可觀的。政府的「債務協商機制」是讓我們當時還能從容面對債務的關鍵：將所有貸款整合，面對一家銀行，分成 10 年分期付款，只還本金、不用繳利息。還好當時有這個機制，不然我當時也沒辦法處理。同時，要確定負債的原因不會再發生。

　　如果家人是因為賭博而揹債的，要確定他已經收手，必要時最好尋求專業諮商輔導（例如：博弈門診）。先把負債的金額控制下來，才能進行下一步。

重點 2 「理債」之外還要開始「理財」

　　止血之後，就可以依照債務協商結果，擬定還款計畫。

　　如還有利息較高的負債，一定要先還。明確就是力量，盡量讓每個月的還款金額明確化。如果和我們家當時的狀況一樣，債務整合後，只要還本金、不用繳利息的話，就按部就班還，反而不急著提早還，把錢存下來做投資理財。

重點 3 開源＋節流一起來

　　我很幸運的是，在家裡發生債務時，我在外商公

司的工作剛被升遷，從約聘變成正職，收入成長很多。

而在家裡有債務之前，我因為過度消費一度成為月光族，反而是家裡有債務之後，除了給爸媽的錢之外，我把大部分的錢都存起來，而且也在這時候認真學習房地產的功課，而有不錯的成績。

很感謝公婆，在我們剛結婚時，讓我們先住在公婆家樓上，省了很多房租和伙食費。一直到結婚 6 年後，收租房子都很穩定，家裡的負債也處理得差不多，才買自住房搬出來。

所以，就算你在「理債」階段，也要記得：「這只是暫時的。」需要時勇敢求援，當你克服了這一關，有一天也許你也能幫助其他正在面臨相同困難的人，成為別人的貴人。

想到房貸，
就壓力山大 !?

如果你從今天開始，要揹 2000 萬的房貸，你有什麼感受？

本篇與讀者分享，理性評估貸款，不需對房貸焦慮，買房只是里程碑，不是人生的目的地。

19

要揹 2000 萬房貸前的
心理準備

理性評估，不需對房貸焦慮，
資產、負債一起看

　　每次看到房產新聞裡，最讓我難過的，莫過於因
為房貸壓力太大、扛不住，決定輕生的故事。

　　如果你從今天開始，要揹 2000 萬的房貸，你有什
麼感受？

　　不可避免的感到沈重⋯⋯覺得胸口有一塊大石頭，

壓得喘不過氣來……害怕自己繳不出來……如果工作不小心被裁員怎麼辦？房子會不會被法拍？人生從此變成屋奴，一輩子努力還房貸……

這些，可能都是會出現在你腦海裡的聲音。不過，等等，我們先來想想，「2000 萬房貸」實際上代表的是什麼？

▌資產 vs. 負債，焦點要平衡

一間貸款 2000 萬的房子，如果貸款 8 成，就表示它在銀行鑑價裡有 2500 萬的價值。你的「資產負債表」裡的確多了 2000 萬的負債，但也同時有一間 2500 萬的資產（當然，中間差異的 500 萬是你已經支付的頭期款）。

你可能追問：「愛莉，可是《富爸爸，窮爸爸》說『自住的房子』是『負債』，不是『資產』。只有

能產生租金收益的房子才是『資產』。」

哎唷！盡信書不如無書！（同樣的，我在這本書裡面分享的觀點或經驗，也請你務必想一想，不用通通都採納）

如果貸款來投資股票，可是股價跌了，還來不及配股、配息你就認賠出場了，這樣這個「貸款」算是「好債」嗎？

如果貸款來買自住房，把本來付的租金，拿來支付貸款利息。退休時房價漲了 3 成，孩子大了、不住家裡，以大換小，還換到一筆退休金，這樣這個「貸款」算是「壞債」嗎？

所以，不用糾結了！有居住需求，就算不買房也必須租房的朋友，只要務實的評估過還款能力，你自住的房子就是你的「資產」。

● 買房後，你的「資產負債表」裡的確多了 2000 萬的負債，但也同時有一間 2500 萬的資產（當然，中間差異的 500 萬是你已經支付的頭期款）。

貸款總額 vs. 每月現金流

「2000 萬」是一個數字，然而，實際對你生活有影響的，是「每個月要支付的金額」。

若房貸以 30 年貸款、利率 2.1% 來試算，寬限期

內或理財型房貸，每個月要支付的利息約 3.5 萬元，本息攤還金額約 7.5 萬元。如果銀行願意承貸 2000 萬貸款，就表示你的月收入至少有 12.5 萬。

如果你本來就有儲蓄的習慣，也有穩定投資的工具，一年平均都有 6% 左右的績效，可以申請長一點的「房貸年限」（前提是：沒有限制提前大額還款），並且使用「寬限期」或「理財型房貸」，把本來支付給房東的租金，改成付給銀行的利息，把本來預計攤還本金的預算繼續投入穩定的投資工具。

換句話說，你的現金流跟買房前差異不大，「貸款金額」對你來說只是「資產負債表」裡的一個數字。

如果都用「寬限期」或「理財型房貸」，那「本金」什麼時候還呢？可回到第 130 頁的「繳房貸是強迫儲蓄嗎？」有你想要的答案。

▌擔心意外？盡可能「轉嫁」風險

不過，就算這樣，還是有一些小聲音，會不時竄出來，讓人焦慮。

「如果不小心先走了怎麼辦？留下來的家人怎麼負擔房貸？」別擔心，跟銀行貸款時就可以多申辦「房貸壽險」，如果真的不小心先走了，保險理賠會將房貸清償完畢。

「如果火災、地震怎麼辦？」只要申請房貸，銀行就會強制要求要投保火險和地震險，如果覺得理賠額度太低，可以跟產險公司申請提高保額。

當然，人生還是有些風險不見得都能移轉。如果真的很焦慮，等自己的心情準備好了再買房，因為「買房」從來都只是人生其中一站，絕對不是目的地！

20

銀行不是當鋪，人的條件和房子一樣重要！

決定買房時，第一件要做的事：
優化自己的「貸款條件」！

「愛莉，我不懂，明明辦房貸就是把房子和土地，通通抵押給銀行當擔保品了，為什麼銀行還要審核我的收入條件？有擔保品還不夠嗎？」

呵呵，因為銀行不是當鋪！它根本不想要你的房子！它只想穩穩的拿存款戶的錢，放款給你，付 1% 給存款戶，收你 2% 的利率，賺中間的利差。走到法

拍這一步，都是非常不得已的不良債權了！

所以，對銀行來說，核貸「房貸」最重要的只有兩個重點：

重點 1 擔保品（房子和土地）是不是足夠擔保這筆債務？

包含：銀行對物件的「鑑價」（和「實際成交價」兩者取其低計算成數）、地點（影響房子的貸款成數）、屋齡、建材（如：常見的 RC「鋼筋混凝土」優於「加強磚造」）、屋況、有沒有嫌惡設施、有沒有註記特殊事項（如：氯離子含量過高、傾斜、非自然身故⋯⋯等）都會影響貸款金額。

重點 2 貸款人是不是有能力償還這筆貸款？

貸款人的收入、工作、年資、財力（如：存款、保單）、信用紀錄（如：信用卡、貸款還款情況）、收入支出比、年齡、有無其他貸款⋯⋯都會影響他的「償債能力」喔！

一定要優化自己的「貸款條件」，避免讓貸款扣分

「貸款」是很多首購族關心的主題，但很多人忽略了：其實「貸款人」的貸款條件是需要花時間培養的！所以，有些人買到房子、申請貸款時，才發現自己忽略的細節，對於貸款申請非常不利！下面這幾個重點，可能影響貸款條件，你中了幾個呢？

重點 1　無法舉證收入

在申請貸款時，申請書上一定會有「還款來源」欄位。大部分人在退休之前，勾選的「還款來源」通常是「薪資收入」，當然也有些人會勾選「投資收入」或「租金收入」等。

不管你勾選的是什麼，都需要提供相關資料給銀行。舉例：以上班族來說，如果勾選的是「薪資收入」，就要填寫公司、年資、職稱和你的收入，並提供報稅資料或薪資轉帳記錄。

重點 2　存摺餘額呈現「月光」

除了「收入」之外，「財力」也很重要！如果你收入很高，但每個月都花光光，甚至連頭期款都是父母資助，那貸款時，銀行還是會對你的還款能力有疑慮。所以，如果你有買房的計畫，請盡量讓自己的存摺餘額穩定成長。

重點 3　動用信用卡循環利息、預借現金、支票跳票

除了「收入」和「財力」，還有一個關鍵就是「信用紀錄」。信用卡一定要準時繳款，不動用卡片循環利息，當然更不可以成為銀行的禁止往來戶。申請貸款時，銀行會調閱「聯合徵信」（聯徵），看得到這些紀錄。

所以，如果你有貸款需求，記得一年內都要乖乖繳信用卡。最好聯徵上看到所有信用卡都是「全額繳清無遲繳」，而且不要動用「現金卡」或「信用卡預借現金」。如果有辦副卡給家人，也一定要維持好信用紀錄喔！

「全額繳清無遲繳」的信用紀錄

結帳日：108/05/27
發卡機構：國泰世華銀行
卡名：MASTER
額度(千元)：　　150　　E1080611000742
預借現金：無
結案：
上期繳款狀況：全額繳清 無遲延
本期應付帳款(元)：34856
未到期待付款(元)：0
債權狀態：

結帳日：108/05/12　E1080611000742
發卡機構：匯豐（台灣）商業
卡名：VISA
額度(千元)：　　280
預借現金：無
結案：
上期繳款狀況：全額繳清 無遲延
本期應付帳款(元)：1824
未到期待付款(元)：0　E1080611000742
債權狀態：

結帳日：108/05/28
發卡機構：玉山銀行
卡名：VISA
額度(千元)：　　250
預借現金：無
結案：　E1080611000742
上期繳款狀況：全額繳清 無遲延
本期應付帳款(元)：11048
未到期待付款(元)：0
債權狀態：

結帳日：108/05/27
發卡機構：國泰世華銀行
卡名：MASTER
額度(千元)：　　150　E1080611000742
預借現金：無
結案：
上期繳款狀況：全額繳清 無遲延
本期應付帳款(元)：34856
未到期待付款(元)：0
債權狀態：

結帳日：108/05/12　E1080611000742
發卡機構：匯豐（台灣）商業
卡名：VISA
額度(千元)：　　280
預借現金：無
結案：
上期繳款狀況：全額繳清 無遲延
本期應付帳款(元)：1824
未到期待付款(元)：0　E1080611000742
債權狀態：

結帳日：108/05/28
發卡機構：玉山銀行
卡名：VISA
額度(千元)：　　250
預借現金：無
結案：　E1080611000742
上期繳款狀況：全額繳清 無遲延
本期應付帳款(元)：11048
未到期待付款(元)：0
債權狀態：

【退票資訊】
查資料庫中無　台端或　台端擔任公司、行號或其他團體負責
人且尚在揭露期限內之存款不足大額（新台幣五十萬元以上）票
據資訊（資料日期至108/06/04）

- 如果你有貸款需求，記得一年內都要乖乖繳信用卡。最好聯徵上看到所有信用卡都是「全額繳清無遲繳」，而且不要動用「現金卡」或「信用卡預借現金」，更不要跳票。

重點4　沒有信用卡紀錄

有些人可能想：「我都沒有信用卡，信用一定超

好吧！」錯！ 如果你完全沒有信用卡，也沒有跟銀行有過債信上的往來紀錄，「聯徵」調出來都是空白的，反而信用評比分數會跑不出來，就是銀行俗稱的「小白」！

其實使用「信用卡」是一種小額借貸的銀行往來紀錄，「累積正常的繳款紀錄」等於是告訴銀行：「我是個會還錢的人。」如果完全沒有紀錄，銀行就很難判斷「如果借給你大筆的錢，你會不會還？」所以適度使用信用卡，並且乖乖繳，很重要！

重點 5　一年內申請信貸

如果在一年內有申請信貸的紀錄，銀行通常會認為你近期手頭比較緊，甚至合理懷疑買房的頭期款，可能都是信貸來的。同時，信貸的還款金額也會計入「收入支出比」裡。所以，如果一年內有買房的計畫，最好先不要申請信貸。

重點 6 ▷ **熟齡買房，且沒辦法提供保證人時**

申請房貸時，最後一個條件就是「年齡」！

「『年齡』怎麼優化？我又不可能逆齡回春？」

對銀行來說，房貸年限少則 15 ～ 20 年，多則 30 ～ 40 年。一般銀行常以「貸款年限」和「年齡」加起來不超過 75 年為限（部分銀行有放寬），如果貸款人的年齡太高（例如 60 歲），就需要提供年紀比較小、也有收入和財力的配偶或二等親，作為保證人喔！

上面這幾個是買房前需要「時間」培養的信用基本功，一定要好好注意！

別再以訛傳訊！貸款條件不是這樣看的！

一般人對房貸容易有的 **5** 大迷思

迷思 1 沒有薪轉紀錄，沒辦法辦貸款？

「愛莉，我和先生在傳統市場做生意，我們買貨、賣貨都是收現金，聽說這樣貸款很難貸得下來？」一個網友問我。

申請房貸時，銀行的出發點很單純：房貸雖然有

房子和土地當抵押品，但是，還是需要確定貸款人每個月都有穩定的收入來源，可以乖乖繳貸款。銀行要怎麼知道你的收入呢？

申請貸款時，銀行會要求你授權它去國稅局調閱過去三年的「所得清單」，看看你的「報稅所得」有多少。由於很多中小企業都沒有據實申報，使得很多人的「報稅所得」都遠比他的「實際收入」低。因此，銀行通常會請你提供「近半年薪轉存摺明細」，讓銀行知道你的收入來源很穩定，有能力每個月付貸款。

如果你領的是現金，沒有薪轉紀錄怎麼辦？由於銀行要的只是「確定你有穩定且足夠支付貸款的收入來源」，所以，只要定期把你收到的現金拿去銀行存就好（很多 ATM 都有存款功能，很方便）。只要能證明你的收入是真實、穩定的（以前面這個網友為例：除了提供存摺外，也提供在市場營業的照片、進銷存明細等），還是找得到可以認列收入的銀行，且貸款條件一樣不差喔！

迷思 2 只要自己每個月存錢轉帳進去，銀行就會買單？

坊間有人教大家自己做「薪轉紀錄」：每個月存一筆現金到帳戶裡面，當成自己的收入。這個可行嗎？

由於銀行的目的，是確保我們每個月都有穩定的收入來源，可以乖乖繳貸款，所以，我們舉證的「收入」是否「真實」，當然是他們稽核的重點。

申請貸款時並不是提供存摺、調閱聯徵就結束，申請書上還需要提供我們收入的來源、工作單位、工作性質、年資等。銀行會評估你的行業別、職位、公司資本額（月領 20 萬，但是公司資本額只有 50 萬？）、存摺餘額（月領 20 萬，但存摺餘額一直小於 100 萬？）去判斷你的收入數字合不合理，也會打電話去公司，與你做貸款照會，確定你有在那裡上班。

只要收入是真實的，銀行業務通常會盡力幫忙。

我有學員是知名的風水老師，自己開工作室，經營多年，工作收入都是收現金，每兩週固定拿去 ATM 存起來。銀行核貸前，用 Google 查詢她的網站、專欄文章、她上節目的影片，判斷她舉證的收入是合理的，最後核貸下來的條件一樣非常好。

如果舉證的收入是造假的，也別小看銀行的授信審核能力喔！

▌迷思 3 聯徵分數越高越好？

聯徵固然重要，但是，真正關鍵的不是分數，而是有沒有信用卡遲繳、動用信用卡循環利息、預借現金、信用違約紀錄等。因為聯徵分數可能受「名下有多少貸款」、「有沒有擔任保證人」等條件影響，但是，聯徵上看不到「收入」和「財力」。所以，「聯徵滿分」不是關鍵，不要有信用瑕疵，有正常繳款紀錄，加上提供足夠的收入和財力佐證，才是關鍵喔！

▌ 迷思 4 找薪轉銀行貸款條件最好？

很多人以為：找薪轉銀行申請房貸，條件應該最好！畢竟我的薪水它最清楚。真的是這樣嗎？

答案是：「不一定！」因為每一家銀行的貸款方案不同，可以提供的成數、利率、寬限期都不一樣。如果你的薪轉銀行本身房貸方案就不優，那就算是薪轉戶，也一樣不夠給力喔！

▌ 迷思 5 成為銀行 VIP 貸款條件更好？

很多財商社團都在瘋迷申請銀行的 VIP 資格，希望成為 VIP 可以有更優惠的房貸條件。這個可行嗎？

如果光比較這家銀行的條件，可能有幫助。但是，因為每一家銀行的貸款方案都不一樣，可能 A 銀行不用 VIP 資格，就可以申請到 B 銀行 VIP 方案才有的

條件，甚至還更好！所以，是不是要申請成為銀行的VIP呢？真的不一定喔！

▎貸款謹記「521 原則」，準不會錯！

有鑒於每個銀行偏好的區域、貸款族群都不同，所以，在比較貸款條件時，我有一個「521 原則」，絕對不吃虧喔！

● **詢價 5 家**：找 3～5 家銀行初步估價（可以請仲介、代書幫你找 3～4 家，你自己另外問 1～2 家），口頭提供合約價格、貸款人工作、收入等初步資料，詢問貸款條件。如果銀行需要填寫申請書才能受理，可以提供沒關係，但先不授權調閱聯徵。

● **申請 2 家**：針對兩家條件最好的銀行授權調閱聯徵，正式申請貸款。

　　● **對保 1 家**：銀行核貸下來後，選擇條件最好的銀行進行「對保」（簽約）、撥款。

Q **如果收入不夠高，貸款額度不夠，有解嗎？**
　　「愛莉，算完銀行的『收入支出比』之後，發現我可以貸款的金額好低，根本買不到適合的房子！如果收入不夠高，貸款額度不夠，有解嗎？」

　　有些人在買房時，因為信用紀錄有瑕疵、收入不穩定、或是銀行在計算「收入支出比」時，覺得收入還不夠負擔想要貸款的金額，導致貸款貸不下來。這時候怎麼辦呢？你需要的是貸款的「神隊友」──「保證人」！

　　所謂的「保證人」，就是「保證你會還貸款」。如果你不還貸款，他就要幫你還。對於銀行來說，如果貸款人的信用或收入不足，「保證人」就可以幫他承擔這部分的風險。

銀行會把「保證人」和「貸款人」的收入合併計算。例如：如果「貸款人」月收入 4 萬，「保證人」月收入 6 萬，兩個加起來就是 10 萬。以銀行的「收入支出比」不超過 2/3 來看，只要每月貸款本息攤還金額在 6 萬內，就有機會算得過。以 30 年、2.1% 回推「還款能力試算」，就相當於貸款 1600 萬。

　　不過，銀行可不是只有把「收入」加總喔！連同名下有多少「貸款」也會一起計算。以剛剛那個例子來說，如果「保證人」名下已經有一個貸款，每個月要繳 2 萬元，6 萬減去 2 萬就剩下 4 萬的額度了。以 30 年、2.1% 的利率來算，貸款金額只剩下 1067 萬。

　　那麼，當「保證人」會不會影響自己貸款呢？雖然調聯徵時，的確會看到擔任「保證人」的紀錄，不過，因為這是屬於「從債務」、不是「主債務」，所以，不會直接算進他個人貸款的「收入支出比」裡，不會直接影響到他個人的貸款額度，算是一個蠻彈性的機制。

　　不過，雖然「保證人」可以幫我們加分，但是，最重要的是後面的「還款能力」。**最好還是以自己的收入 1/3 來回推貸款上限，在物件條件上取捨，才不會「買房容易、養房難」喔！**

那些年，
我看過的房子

我看的房子屋況百百種，有些房子只有
簡單的原始裝潢，但維護的很好，打掃
的乾乾淨淨。有些房子像打過仗一樣，
堆滿雜物，甚至隨處可見漏水、壁癌。
對我來說，屋況是一回事，想像曾經有
人在這裡生活，又是另外一回事。

看房，看見人間百態

細心與想像力，就是看房的超能力

　　我非常喜歡看房子，在我最勤勞的時期，一個禮拜看 10～15 間是家常便飯。這件事情對我老公來說非常不可思議，因為在他眼中，我既不愛運動、又很路癡（還很臉盲），做事迷糊，可是對於房子的事，不僅很勤勞，頭腦還很清楚，可能是太喜歡了，所以勤能補拙（笑）。

　　我看的房子屋況百百種，有些房子只有簡單的原始裝潢，但維護的很好，打掃的乾乾淨淨。有些房子像打過仗一樣，堆滿雜物，甚至隨處可見漏水、壁癌。

　　我看過頂加佛堂失火過、烏漆媽黑的房子（沒有人傷亡），也看過頂樓花園植物的根嵌入樓地板的鋼筋水泥裡，造成花園底下的天花板變形下陷。

　　這些千奇百怪的屋況沒有嚇到我，反而讓我大開眼界。對我來說，屋況是一回事，想像曾經有人在這裡生活，又是另外一回事。

　　房子的狀態，反映了人間百態。有人年終獎金領很多，開心換大屋；也有人因為賭博欠債，賣房還債。

　　有人處理長輩留下來的房子，交屋時還很依依不捨；也有人因為財產撕破臉、打官司。

　　有人栽培家裡三個孩子，一路從明星學校到出國

深造，看屋時驕傲的介紹這是風水寶地，家裡都出狀元，但三個孩子都留在國外，沒有回來；也有孩子堅持要買電梯大樓給爸媽退休養老，不用爬樓梯，還可以就近照顧。

什麼樣的故事都有，更讓人覺得認真經營家庭真的很重要。

▎細心與想像力，就是看房的超能力

很多人去看房子，就是進去繞一圈，3 分鐘結束，不知道自己看了什麼，也不知道該看哪些地方。到底看房子有哪些重點要注意呢？

看房時，除了地點和交通外，還要注意格局、採光、通風、屋況……等條件。

注意 1　格局方不方正？

　　看房時，除了地點和交通外，還要注意格局、採光、通風、屋況……等條件。例如：格局方不方正？

🔘 格局方正給人穩重的安全感，隔間或安置家具都方便，不方正的房子不僅不易隔間，也容易出現畸零空間，造成空間的浪費。

有些新大樓的格局規劃，一進門不是玄關鞋櫃，而是廚房的廚具，從一入門就覺得動線不便！

一進門是廚房的廚具，就覺得動線不便！

注意 2　客廳、房間、浴室有沒有開窗？

客廳、房間、浴室有沒有開窗，會影響居住的品質。

🔊 客廳、房間、浴室若沒有對外窗，空氣不易流通，不僅易潮溼，
也會沒有採光。

注意 3 棟距如何？

棟距會影響通風與採光條件，也是看房時需要特別注意的重點。

注意 4 採光好不好？

好的採光，就是房子最好的裝潢，很多兩房格局只有一面採光，採光面留給房間，客廳沒有對外窗。

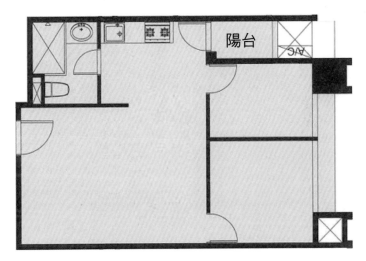

● 這種格局就是採光面留給房間，客廳沒有對外窗。

有沒有開門見廁、開門見灶（廚房）、廁所居中的風水缺點？

開門見廁、開門見灶（廚房）、廁所居中都是令人在意的風水缺點。

開門見廁的房屋格局

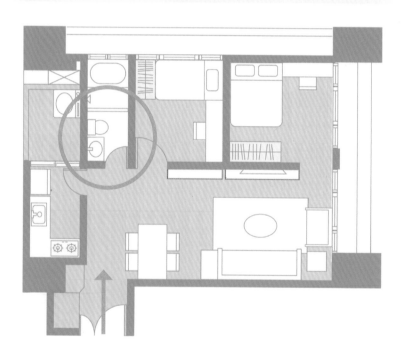

廁所居中的房屋格局

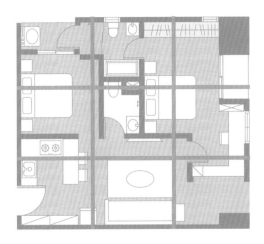

開門見灶的房屋格局

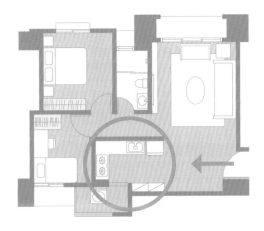

注意 6 屋況有沒有漏水、傾斜、鋼筋外露、樑柱或外牆裂縫？

樑柱和外牆裂縫是結構安全的警訊，看屋時要特別注意！

- 漏水、鋼筋外露，甚至有明顯的裂縫，可能結構上的安全已出問題，建議看到此屋況，盡量避過吧。

- 房間太小，雖然看起來多出一房，但放了床之後，就無法放下其他的家具，這在日後的空間使用上並不實用。

注意 7　樓地板會不會太矮、顯得壓迫？房間會不會太小？

有些房間小到放了床和衣櫃以後，房門就關不起來，最後只能改滑門，或當更衣室、儲藏室。

窗戶看出去有沒有常見的風水瑕疵？

　　窗戶對到電線桿、電箱、福地，或是路沖、壁刀、反弓煞（常見高架橋或高架捷運）等都是看房時要留意風水瑕疵。

反弓煞

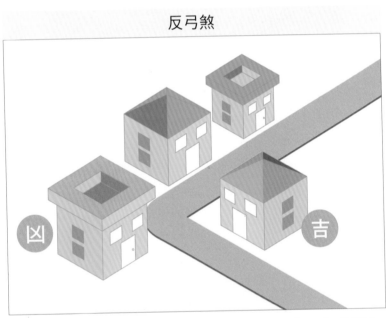

◉ 不論是河流或道路，出現弧狀彎曲就會產生彎抱面和反弓面。房子位在彎抱面是大吉，位在反弓面則是大凶。

路沖

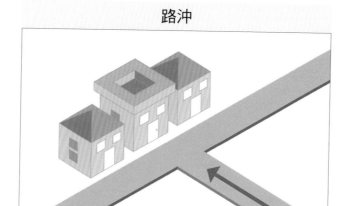

- 「路沖」對於住戶而言，車流直衝住家門口，帶給住戶很大的心理負擔及壓力，容易產生心神不寧，或有血光之災。

壁刀

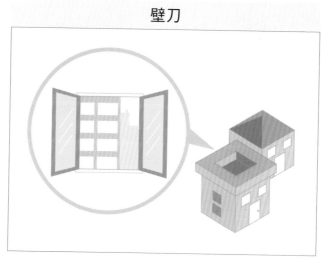

- 開窗即見隔壁房子的兩面牆成 90 度角對著自家，就像一把大刀砍向你。在風水層面來說，最好也不要買。

注意 9 從社區的公設，可以觀察社區的管理與素質。

看完屋況後，再來看社區的公設，包含：（1）頂樓有沒有基地台？（2）大樓的水箱在哪裡？（3）有哪些公共設施？（4）觀察社區的管理和鄰居的素質，是否顯得雜亂？

不合格的問題太多

在看新成屋時，發現現在有很多新成屋的格局都

不及格，例如：客廳沒採光、一進門就是廚房、房間太小，放了床和衣櫃以後，房門就關不起來……。這些基本要求都不及格。

不過，中古屋的格局雖然比較好，但是屋況落差比較大，如果買來自己整理就算了，很多投資客包裝的美美的，牆壁壁癌不處理，蓋一層防潮布，再用矽酸鈣板封起來批土、油漆，眼不見為淨。

🔺 看得出來本來牆壁壁癌的地方，都蓋一層防潮布，再用矽酸鈣板封起來批土、油漆嗎？

在看中古屋時要特別要注意樓梯間是否樑柱有裂縫、鋼筋外露，因為光看房子裡，可能已是包起來而已。

所以，看房子時，要手、腳、眼睛並用！不只要用眼睛看，還要動手、敲一敲牆壁，看看有沒有哪些地方用木板包起來了。

如果有任何屋況的疑慮，可以拍照、錄影，跟仲介確認時也可以偷偷錄音（為保全證據的私下錄音，只要不公開傳播，就算不告知，也是合法的），如果房子有合意，想要出斡旋，一定要請仲介提供「不動產說明書」，仔細閱讀「現況確認書」，看看屋主聲明有沒有做過氯離子檢測、有沒有滲漏水、售屋半年前有沒有做過任何修繕、持有期間有沒有換過管線、有沒有非自然身故……等。

對我來說，看房需要耐心和細心，同時，還需要對空間有「想像力」。就算現在格局、屋況不好，但只要結構沒問題、格局可創造，自己重新設計、裝潢

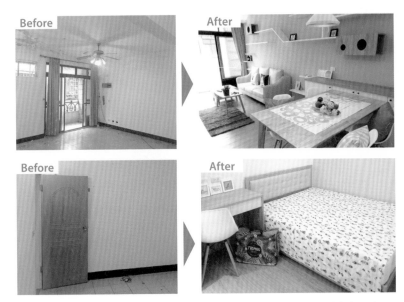

Before　After

Before　After

🔺 雖然格局、屋況不好，但只要結構沒問題、格局可創造，自己
重新設計、裝潢。

就好。當你發現自己對於改造後的前後差距很有成就
感，就表示你獲得「空間想像力」的無敵星星了！

CALL IN 愛莉

Q 「很多專家都說買房至少要看三次，但仲介說好的物件有人看一次就出價，很快就秒殺，這樣不怕買到有問題的房子嗎？」

很多人很怕買到漏水的房子，所以想等下雨再複看。這個出發點非常合理，不過，有沒有什麼替代方式，可以一次看屋就解決這個疑慮呢？

老實說，很多漏水的房子，並不是遇到下雨就滲水，甚至漏的並不是雨水，而是水管裡的水。除了看屋時，要仔細注意蛛絲馬跡外，包含外牆、天花板，尤其陽台、廚房、廁所的天花板和牆壁，有沒有滲漏水的痕跡。有些壁癌的情況是因為房子長期濕氣重，導致油漆剝落，但牆壁摸起來沒有濕，甚至全室天花板都做起來了，看不出來有沒有漏水。

所以，除了記得跟仲介要求看「現況確認書」裡，屋主勾選有無滲漏水、售屋半年前有無做過任何修繕外，並詢問仲介「漏水保固」。一旦交屋後發現有漏水，就立刻拍照、錄影，並通知仲介協調處理。

　　至於晚上看完房子沒問題，結果早上變成菜市場，這要怎麼解呢？除了仲介有義務告知物件方圓 300 公尺內的嫌惡設施（包含「市場」），自己對於區域的熟悉度也是很重要的。另外，搜尋 Google map 的街景也幫的上忙喔！

順次	內　容		說　明　及　備　註
24	本標的物專有部分、約定專用部分、增(違)建部分內，是否曾有自然人發生凶殺、自殺、意外並致死亡之情事？	□是 ☑否	勾選，請說明：
25	本標的物是否曾做過氫離子含量檢測？（如有請檢附資料）	□是 ☑否	勾選，但未檢附原因：
26	是否知悉聽聞本標的物或同社區他戶有海砂屋或鋼筋外露、混凝土剝落之情形？	□是 ☑否	勾選，請說明：
27	本標的物是否做過輻射屋檢測？（如有請檢附資料）	□是 ☑否	勾選，但未檢附原因：
28	是否知悉本標的物或同社區他戶有輻射屋情形？	□是 ☑否	勾選，請說明：
29	本標的物現況有無滲漏水或壁癌之情形？（含他戶漏至本戶或本戶漏至他戶）	□有 ☑無	勾選，係□滲漏水　請說明位置： 　　　　□壁癌　　請說明位置：
30	本標的物委託前六個月內是否曾修繕滲漏水、壁癌	□有 ☑無	勾選，修繕時間：_____ 修繕位置：_____
31	本標的物是否有水管或馬桶管路堵塞之情況？	□是 ☑否	勾選，請說明：
32	本標的物是否現有或曾有白蟻或其他蟲害蛀蝕之情形？	□是 ☑否	勾選，請說明： 蟲害種類：□白蟻　□其他_____ 處理狀況：□現況仍有_____　　□過去有但已處理
33	本標的物是否有增建、違建之情況？	☑有 □無	勾選，位置：□頂樓 □陽台 □露台 □雨遮 □夾層 □騎樓 □天井 □防火巷 □法定空地 □電梯、樓梯 □其他
34	是否知悉本標的物之增違建曾被檢舉、查報、拆除或收到相關通知？ 是否曾因增違建而與他人發生糾紛？	□是 ☑否 □是 ☑否	勾選，請說明： 勾選，請說明：
35	本標的物是否因衛生下水道施工而須部分拆除？	□是 ☑否	勾選，請說明時間及位置：　，ㅤ
36	本棟建物(含地下室)或坐落土地有無曾經發生火(水)災或其他天然災害或人為破壞，造成建築物損害及其修繕情形？	□有 ☑無	勾選，請說明情況：

　🔵 下斡旋前，記得跟仲介要求看「產權調查」中的「現況確認書」，看看屋主勾選有無滲漏水、售屋半年前有無做過任何修繕（詳見照片第 29 和 30 項），並詢問仲介「漏水保固」。

23

沒有 100 分的房子，重點在於「瑕不掩瑜」

列出房子的優缺點，根據需求來取捨

　　房地產業界，有一個詞叫「抗性」。所謂「抗性」就是：「這個房子看起來還不錯，不過，它有某些的問題，讓我很猶豫要不要買這間房子。」這個「某些的問題」，就是這間房子的「抗性」。

　　有哪些問題可能成為房子的「抗性」呢？屋齡、路沖、高架橋、嫌惡設施、機能、格局不好或屋況不

好，都可能是房子的「抗性」。

　　而有趣的是：沒有物件是完美的，再怎麼挑，一定都有缺點。A 眼中無法接受的瑕疵，對 B 來說可能還好。A 眼中美中不足的缺點，對 B 來說可能完全不考慮。到最後，影響這個物件適合不適合的，就是個人的評價和取捨。

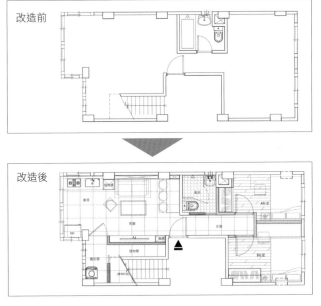

🔺 這間房子因為格局不好，屋主降價賣。我們重新重新規劃，成為舒服寬敞的兩房空間。

完美的房子並不存在

我喜歡在看屋後，幫每一個物件條列出它的「優點」和「缺點」。

舉例來說，大家都喜歡客廳、房間都有對外窗，最好衛浴也有開窗，然而，如果有個物件價格符合行情，但它的客廳和衛浴都沒有對外窗，買還是不買？

如果這個物件屋齡新、格局方正、坪效很高（例如：權狀 26 坪，規劃標準 2 房 2 廳 1 衛浴 1 陽台），交通和生活機能方便，建商口碑也很好，買還是不買？

再舉個例子：大家都不喜歡爬樓梯，所以就算可以接受爬樓梯的公寓，通常也只看 2 樓或 3 樓。如果有個公寓屋況很好，三年前剛整修過，可是是 5 樓，你可不可以接受？

如果這個物件在台北，離捷運走路只要 2 分鐘，

巷子寬敞、安靜，土地持份也蠻大，你願不願意多爬幾層樓梯呢？

大家看出關鍵了嗎？每個物件都有它的優點和缺點，重點在於：它的「缺點」可不可以接受？它的「優點」是否夠大、夠獨特，可以「瑕不掩瑜」？

甚至，更進階的：如何把「缺點」變「優點」？（例如：某物件因為格局不好，屋主降價賣，我有沒有機會重新規劃，讓它格局變好？）

找房子的過程中，「寧缺勿濫」和「濫竽充數」都不好。但是，只要學會精準列出優缺點，並學會評估這間房子是否具有可塑性和亮點，你看房的眼光就會越來越精準！

CALL IN 愛莉

Q 買裝潢好的房子要注意什麼？

「愛莉，現在裝潢越來越貴，我工作很忙，實在也沒
心力自己張羅裝潢，所以，目前都只看已經裝潢好的
房子。這種物件有沒有需要注意的地方？」

6 個重點看穿已裝潢的房子

買裝潢好的房子的確比較省時、省心，不過，踩雷的案
例也不少。我歸納了六個重點，讓大家趨吉避凶：

**重點 1 ：先問仲介或屋主：「之前是自住還是收租？
裝潢多久了？」**

當你裝潢一個房子，是為了租給別人或自住，哪一個你
會比較用心？應該是自住吧！

而且，再好的裝潢，用個 10 年、15 年也會慢慢變舊。
如果屋主 5 年前花了 150 萬，以 10 年來算「直線攤提」的話，
就算 150 萬是真材實料，大概也只要考慮 75 萬的價值喔！

重點 2 ：注意裝修的品質和等級

房子的水電管線是否更換過？金額有沒有明顯灌水？

　　一般我們説「水電」、「水電」，其實「電」和「水」是分開的。電線和電管都有換新？還是只有換電線，沒有換電管？廁所有沒有重做？冷熱水管有沒有換新？這個對老房子來說特別重要。

　　看房子時要怎麼知道呢？你可以先問仲介或屋主，看他怎麼回答。等他回答之後，你再去電開關箱或是請仲介幫忙打開插座面板（你可以自備螺絲起子），看一下裡面露出來的電線，通常上面會寫年份，這時候就知道仲介有沒有誠實了！

　　另外，裝潢金額通常都會灌水，聽聽就好。一般裝潢最大費用的項目大多是：木工、泥作、水電、防水工程。所以，買裝潢好的房子，要依照實際裝修的等級和項目，斟酌要加多少錢比較合理！

重點 3：評估裝潢的設計是不是符合你的需求？

　　仔細看格局和動線，要不要再花錢改？收納空間夠不夠？要不要再做系統櫃？窗戶的隔音效果好不好？需不需要重做？

重點 4 ：注意法規

如果是住家隔成套房，要特別注意有沒有「竣工合格證」。如有「陽台外推」或頂樓加蓋，有沒有被檢舉過？這些都可以請仲介查詢。

重點 5 ：重新裝潢是不是為了要掩飾房子的重大瑕疵？
（例如：傾斜、鋼筋外露…）

看屋時，除了看室內，還要從一些公共空間去看有沒有一些蛛絲馬跡，像是樓梯間、屋頂平台或地下室。如果是公寓，通常這些空間是三不管地帶，如果房子有結構上的瑕疵，在這些地方會看得出來。

重點 6 ：留意銀行估價

通常有裝潢的房子，如果屋主要賣的價格比較高，要事先確認銀行估價是否估得到。如果估不到，貸款成數就會下修。

其實，買裝潢好的房子，如果工程做得紮實，格局和機能也符合需求，是個聰明的選擇，除了可以降低自備款，還可以省下時間和心力，馬上入住，也可以省租金和利息。如果前屋主的品味很好，也是大加分！不過，還是要特別注意上面這六點喔！

24

那些年，我買過的地雷房
條列房子的優缺點時，記得放大缺點

　　大家都想買一間會增值的房子，不過，可不是每一間房子都會增值喔！雖然沒有一百分的房子，但是，我曾經買過一些房子，堪稱「地雷」等級，在賣的時候真的賣得比較久。這些年，我踩過哪些地雷房呢？

樓下是外勞員工宿舍

我的第一間房子是買在中和遠東 ABC 附近的公寓3 樓，規劃作隔套收租。看房時，就有發現 2 樓門口怎麼這麼多白色帆布鞋，排得很整齊。仲介說 2 樓鄰居人口比較多。當時年紀小，不疑有他，買了之後才知道：原來 2 樓房東租給人力仲介公司，給外勞員工當宿舍。

其實不管租給誰，都沒問題，我們到異鄉工作，絕對需要落腳處。不過，比較特別的是他們的休閒活動：他們特別愛烤肉和喝啤酒！

住在公寓裡要去哪烤肉呢？他們就去頂樓烤肉。
烤肉沒問題！他們還特別愛烤魚！
烤魚沒問題！但是，烤完不會收！

這些魚，只要沒有烤完，就會放在頂樓發臭，非常噁心！而且，因為他們人很多，也會邀朋友一起來，

所以，常常聽到他們咚咚咚咚跑到 2 樓拿東西，再咚咚咚咚跑到頂樓，非常熱鬧！而且，看屋那一天，門口的鞋子應該是仲介有事先幫忙排整齊，因為過了那一天之後，鞋子就沒有整齊過！

後來那個房子怎麼了呢？2 樓鄰居後來沒有跟人力公司續約，把房子收回來、粉刷整理之後賣掉了。所以，後來我買房子都很重視鄰居，除了會看樓梯間、公設、頂樓平台外，也會跟仲介了解一下鄰居有沒有特殊情況。因為好房子很多，不用挑戰這麼麻煩的！

位於菜市場附近

有一種「生活機能」，同時也是「嫌惡設施」，就是「市場」。市場有分早市、晚市（黃昏市場）和夜市，不管是哪一個，除非你是一樓店面可以出租，不然，都建議不要離太近。

我曾經買過一個公寓收租，在菜市場附近。因為樓下只是零星的蔬菜攤販，加上有隔音氣密窗，租的時候房客也不太在意，但是在賣的時候還是賣比較久。後來因為附近有捷運預定地，仲介用「未來捷運」的優點才順利找到買方。可見「市場」對於大部分買方來說，還是一個相對大的「抗性」！

坪數太大、總價太高的公寓

接下來這個案例，很多人可能沒有想過，但處理的難度比前面兩個，只能說「有過之而無不及」！

會買無電梯公寓的買方，蠻多都是首購族，總價預算比較緊。加上現在少子化，家庭人口組成比較簡單，坪數不需要那麼大。大坪數公寓總價高，如果買的又是 4 樓、5 樓，就更難賣了！所以，除非確定可以「分戶」，變成兩個以上低總價、格局方正、單價也 ok 的小坪數，不然千萬不要輕易挑戰！

▎樓下有車道、有壁刀

　　除了上面三種地雷外，年輕時，我也曾經和朋友合資過兩間很雷的房子，包含車道上的 2 樓；還有預售屋蓋好後，才發現客廳看出去，對到隔壁大樓的壁刀。後來雖然也賣掉了，但真的賣比較久！所以，預售屋除了建商蓋得好不好之外，還有一些外在的風險。尤其有一些建案基地比較大，可能一層好幾戶，在還沒開工之前，不見得知道自己買的這一戶，在基地確切哪一個位置、看出去是什麼、會不會對到電線桿或壁刀，交屋時才「開獎」，這些都是過去累積的經驗！

　　雖然沒有房子是 100 分，但是，如果缺點不只一個，例如：靠近嫌惡設施、又大坪數公寓、又 5 樓，真的就是大魔王了！所以，在「進場」的時候就要想「出場」，條列房子的優缺點，然後記得放大缺點，再看看是否還是瑕不掩瑜喔！

買房 TIPS

常見的地雷屋類型

雖然說房子的「抗性」因人而異，但是，有些房子的「抗性」實在太大，不僅未來換屋出售較辛苦，甚至還有居住安全的疑慮：

類型	說明
海砂屋	所謂「海砂屋」，指的是：當時蓋房子混凝土所用的砂，「氯離子」含量比較高，短期會導致壁癌，長期則會加速鋼筋腐蝕，造成水泥塊剝落，嚴重損害房屋結構安全。就算想針對結構做補強，效果都很有限！看屋時如果看到樓梯間、室內、陽台天花板或外牆有鋼筋外露，除非只有局部，而且很確定只是漏水導致，不然最好還是測一下「氯離子含量」比較放心。
傾斜屋	導致「傾斜」的原因可能是地基不穩、附近工程施工導致「鄰損」，或樓下樑柱損壞沒有及時補強。有些人聽信仲介說「樓地板傾斜沒關係，裝潢時地板重新抓水平就好了！」結果因為樓板傾斜，混凝土墊高的厚度不一致，更加速房子傾斜的速度，嚴重影響結構安全！
危險屋	「外牆」、「樑柱」和「樓地板」是房子的主結構體之一，除了看屋時要特別注意外，看完房子後，記得走到樓下抬頭往上看，看看磁磚有沒有脫落？外牆有沒有裂縫？

漏水屋	一般漏水的房子，只要沒有影響結構，而且自己就可以修繕，基本上都是可以處理的。但是，如果需要鄰居配合才能修繕的，例如：樓上鄰居的陽台或廁所、廚房漏水下來，除非鄰居同意修繕，不然完全無解的「漏水屋」，建議大家不要挑戰。
非自然身故屋	對於「非自然身故」的房子，大部分人非常畏懼，完全不考慮，少數「勇敢」的人，基於個人的信仰和價值觀，覺得只要價格夠便宜，沒有關係。不管是哪一種，都是出自於自己的自由選擇，只要資訊透明，都沒有問題。不過，最怕的是自己不知道，不小心買到「凶宅」。看屋時一定要主動請仲介提供「現況確認書」，確定是否有勾選「曾經發生非自然身故」，千萬不要明明賣方在「現況確認書」有盡告知義務，自己卻沒發現，還糊里糊塗在「現況確認書」上簽了名，這就麻煩了！
工業住宅	所謂「工業住宅」就是「工業用地」的房子當「住宅」使用，除了價格稍微便宜一點之外，真的是缺點很多！不只貸款不好貸、成數低、利率高，還要承擔被開罰單的風險（還可以「連續處罰」），購買前務必三思！
地上權	「地上權」雖然在國外很流行，但在台灣真的還不太行。有的「地上權」有建物的產權，有的甚至連建物的產權都沒有，建物還是建商的，買方只有建物的「使用權」！之前台北有個地

上權建案鬧得沸沸揚揚，就是因為交屋時買方赫然發現自己的房子連貸款都不行，必須由建商跟銀行貸款，買方再跟建商貸款，貸款繳半天，房子還是建商的！

此外，就算房子的產權是自己的，目前「地上權」的價格也都太高了！因為「地上權」的建案大多都在市中心精華地段，市中心的「房子」和「土地」的價值比起來，可能不及 10 分之 1。所以，如果地上權的房子只有鄰近行情的 1/10 再來考慮吧！

還有一種房子好買不好賣！

購買小基地「類華廈」大樓，需要注意的事項

管理品質可能受影響

隨著房價越來越高，產品規劃變得非常重要，包含：基地大小、坪數、總價、單價、車位種類、小環境、機能、發展性……等。而隨著市中心的腹地越來越小，這幾年新建案裡，有一種產品越來越多，就是：基地很小、公設比很高，但沒有實質公共設施可用的「類華廈」大樓！

有些人喜歡戶數越單純越好，但是，卻忘了戶數太少時，如果要請警衛，每戶要負擔的管理費用很高，可能只能請一班制（早上 8 點到晚上 8 點），甚至只能安裝門禁系統，使得買的雖然是電梯大樓，卻只有華廈的功能，沒有人代收掛號、包裹，甚至連倒垃圾都得自己追垃圾車。

而且，就算沒有管理員和垃圾回收，為了維護電梯機電設備，管理費和共同負擔的電費一樣很高！

公設比反而高

此外，基地小的建案，公設比可能和比其他社區更高，而可以使用的公設卻只有梯間和電梯。我常說，公設比 30% 就表示 1000 萬裡面有 300 萬在買公設，如果都要花這麼多錢，你希望只有梯間，還是至少有個健身房、閱覽室和大廳呢？

　　我最喜歡的社區規模是 60～100 戶，基地 400～600 坪以上，把戶別分成好幾棟，可能連在一起成為一字型或口字型，但每棟都有獨立的出入口，一層只有 2～3 戶，大坪數的戶別甚至可以一層一戶，透過門禁磁卡來分棟分層管理。

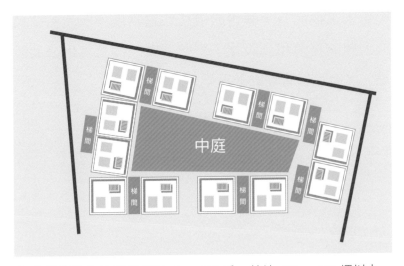

🔵 我最喜歡的社區規模是 60～100 戶，基地 400～600 坪以上，把戶別分成好幾棟，可能連在一起成為一字型或口字型，但每棟都有獨立的出入口，一層只有 2～3 戶，大坪數的戶別甚至可以一層一戶，透過門禁磁卡來分棟分層管理。這樣不僅出入單純，而且因為社區基地大，有完善的公設規劃，規模又夠支撐社區的管理功能，每坪負擔的管理費不會太高，又有 24 小時警衛，這是我心目中最理想的社區！

這樣不僅出入單純，而且因為社區基地大，有完善的公設規劃，規模又夠支撐社區的管理功能，每坪負擔的管理費不會太高，又有 24 小時警衛，這是我心目中最理想的社區！

社區的選擇，除了影響入住後的生活品質，也會影響未來換屋時，轉售的價格和難易度。既然都要負擔大樓的房價和公設比，不妨選擇一個有實用公共設施，又有良善管理的社區吧！

26

預售屋限定：進到樣品屋，
一定要提醒自己四個字！

美侖美奐的「裝潢表現」有陷阱

　　我每次演講時提到：「進到樣品屋，一定要提醒
自己四個字！大家知道是哪四個字嗎？」

　　台下最常回答我：「都是假的！」

　　雖然大家回答的也沒錯（笑），不過，其實這四
個字就是：「裝潢表現」！

　　為了增加賣相，很多樣品屋都有精緻的裝潢和布

置，而且和實際交屋的尺寸相比，並不是「一比一」。

　　例如：你以為樣品屋的房間放了一個「雙人床」（150 公分寬），其實他放的是「單人床加大」（120 公分寬），上面放兩個枕頭。有些客廳的「家具配置圖」畫的是「三人座沙發」，其實是「雙人沙發」的寬度，但座位畫三格。一切都是建商和代銷用心營造的誤會一場！

◀ 很多樣品屋的房間乾脆不做門。

▍看樣品屋不能被「裝潢表現」所迷惑

由於建商最後交屋時，只有樓地板、牆壁、衛浴和廚房，所以，重要的不是樣品屋的「裝潢風格」，而是下列這些重點：

● 「格局」：幾房、幾廳、幾衛浴、幾個陽台，而且千萬別忽略了棟距和採光條件。

● 「機能」：廚房標配是瓦斯爐還是 IH 爐？（表示用天然氣還是電？）衛浴標配是浴缸還是淋浴間？房間是否都可以放得下雙人床、衣櫃和書桌？（要注意現場家具是否為標準尺寸，還是有訂製縮小版？房間有沒有門？有時家具兜進去了，但門關不起來，所以，很多樣品屋的房間乾脆不做門）

● 「動線」：從玄關走到客廳和房間、從客廳和房間走到衛浴，從廚房走到餐桌、陽台，這些動線是否都方便？我看過「要經過衛浴，才能到晾衣服的工

作陽台」或是「工作陽台就在客廳的採光面」（看樣品屋沒感覺，交屋後，你晾衣服時，客廳就沒有採光了……）這些都很可惜！

●「收納空間如何創造」：如何規劃櫃體？樣品屋的隔間都是實牆，還是使用「雙面櫃」？注意到這些細節，除了評估格局是否符合你的需求，還可以學習如何優化這個空間。例如，如果你也想學樣品屋，用「雙面櫃」取代房間的「隔間牆」，那麼客變時，就可以取消那一道牆，省下之後還要拆除的成本。

◉ 學樣品屋，用「雙面櫃」取代房間的「隔間牆」，讓收納空間極大化！這個衣櫃和旁邊的房間的衣櫃就是雙面櫃。

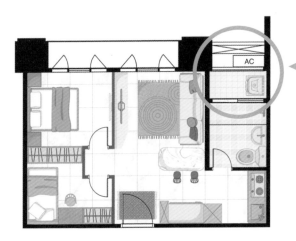

這個格局要經過衛浴，才能到晾衣服的工作陽台，動線不方便。

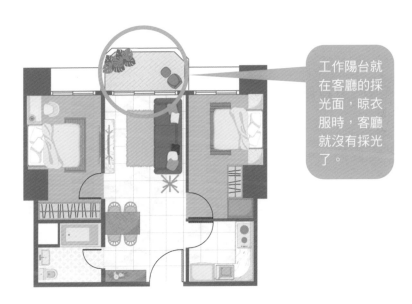

工作陽台就在客廳的採光面，晾衣服時，客廳就沒有採光了。

樣品屋的陷阱

　　預售屋的樣品屋有很多陷阱，除了家具可能不是標準尺寸外，連樓層淨高都可能廣告不實。一般成屋樓層高度 3 米，扣掉樓地板厚度，剩下 2.78 米。但是，樣品屋可能做成淨高 3.2 米，讓你感覺很舒服。

　　加上很多樣品屋的房間都用玻璃隔間，空間瞬間放大，但是實際交屋一定是水泥牆，就會覺得很壓迫。

　　此外，不是每個格局都會做樣品屋，所以，評估預售屋時，不要因為樣品屋看起來美美的，覺得喜歡就下訂了，還是要理性評估。

🔵 很多樣品屋的房間都用玻璃隔間，空間瞬間放大，但是實際交屋一定是水泥牆，就會覺得很壓迫。

議價現場，
假假真真

成屋、預售屋有不同的議價技巧。做好
該做的功課，找對仲介、業務窗口，談
出甜蜜的價格。

27

從「妹妹」變成「Ellie 姊」：
這些年我繳過的學費……

知己知彼百戰百勝，了解仲介的需求，
才能好好打交道

　　入行 10 幾年來，從剛開始看房，被每個仲介和跑單姊姊叫「妹妹」，一直到現在，看房時都被叫「姊」，想來真的蠻有趣的。

　　雖然被叫「姊」感覺有點老，不過，還好我的房地產經歷沒有隨著年歲虛長，成長曲線也是很陡的，而且還持續在進步。從以前很容易被仲介的狀況劇引

導，到現在可以溫和堅定、應對如流，這些都是年紀和歷練帶給我的成長。

▌將心比心，如果你是仲介⋯⋯

很多人對仲介又愛又恨，既仰賴仲介幫忙介紹物件、斡旋、議價，又擔心被做狀況，不小心加價買貴或買錯房子。有些仲介很勢利，一發現價格加不上去就開始酸言酸語，挖苦買方，看房看到懷疑人生⋯⋯

我必須說：「一樣米養百樣人。」買方有百百種，仲介也有百百種。在跟仲介交涉前，我們先來「換位思考」：「仲介的工作是什麼？」

「仲介的工作是什麼？當然是『成交』囉！買方出了一個賣方願意接受的價格，買方、賣方、仲介三方皆大歡喜！」

聽起來是這樣，對嗎？

是的，仲介的任務是「成交」，只是過程或結果不必然「皆大歡喜」。買方可能加了超過的預算、賣方可能忍痛降了價、仲介可能沒收到足%的服務費，只為了促成成交。不過，即便不能盡如人意，只要物件沒有隱而未告知的瑕疵，三方都是出於「自由意志」，決定要買、要賣、要促成交易，而決定加價、降價和降%。

既然是這樣，我們來想想：「如果我們是仲介，我們喜歡什麼樣的客戶？」或者，我們反向思考：「如果我們是仲介，我們最害怕什麼樣的客戶？」

仲介的工作有個特點：除了少數仲介公司，對於新進員工有保障底薪外，大部分業務的收入，都和實際成交的業績息息相關。在成交前，不管服務有多麼含辛茹苦，都是沒有報酬的。有時，明明成交在望，結果屋主說他房子暫時不賣了，買方說他家人覺得房

價會跌、要他多看看。再隔一個月丟買方 Line，買方說：「我已經買到房子了！」他也只能回：「恭喜！希望未來有機會還能為你服務！」除了友誼（還不見得有）和經驗，什麼也沒有得到。這就是大部分仲介的工作。

所以，如果問我：「如果你是仲介，你最害怕什麼樣的客戶？」

我會回答：「陪公子讀書吧！」

是啊！仲介不怕買方問題多、麻煩多，仲介怕的是繞了老半天，白忙一場。如果買方的需求不明確，看電梯大樓覺得公設好高，看公寓覺得屋齡太老，對預算和行情沒概念，兜兜轉轉還找不到適合他的物件，真的是在「陪公子讀書」！所以，給仲介的需求越明確越好，包含總價區間、區域範圍、類型、坪數等，而且，請仲介介紹物件前，家人目標、期望值要一致！

別誤會，仲介的敵人不是你

很多人對仲介的既定印象就是「話術很多」，怕仲介出很多招來「對付」自己。其實，這個誤會可就大了！仲介的敵人不是買方或屋主，而是他的「同事」或「同業」！怎麼說呢？

假設有一個物件，交通、機能方便，格局方正，坪效也不錯，因為屋主急售，有讓價的空間，你要如何知道？

當然是透過仲介囉！

所以，這時候，屋主委託的仲介店裡的業務，每個人都在打電話或傳 Line，給他想得到、對這間房子可能有興趣的人。當下房子只有一間，誰的客人可以先出來看房子、先出價，就有機會先成交。你說他的「對手」是你還是他的同事？當然是他的同事！

當你接到他的電話，出來看房子、出了價，就算後來有人的價格出更高，導致於你沒有買到、他沒有成交，他也會知道你不僅約得出來、而且還看得懂（知道這是好物件），下次有好案子，一樣會想到你！

▋仲介人脈培養術

如果你需要買房，要怎麼跟仲介打交道呢？

考考你一個問題：「如果你今天下午要看 3 間房，A：跟同一個業務看 3 間，B：跟 3 個不同的業務看 3 間。哪一個比較好？」

如果你剛開始看房，一定要選 B ！

對於剛開始看房的人，手機裡的聯絡人，通常是沒幾個仲介名單的，所以，看屋過程就要開始培養仲介人脈。

雖然一開始找房，會以網路上的物件搜尋為主，但是，看房的過程會認識很多仲介。例如：假設今天要看3間，這3間都跟不同的仲介看。如果一個禮拜認識3個仲介，一個月會認識12個仲介。看屋過程會聊你的需求，所以，他們會知道你的預算、區域、類型、格局需求（自己事先做功課很重要！別忘了，仲介最不喜歡的就是「陪公子讀書」！）

　　因為仲介百百種人，一定有合得來和合不來的。假設當下覺得可以互動的業務有9位，彼此加了Line，事後互動，發現可以來往的剩下5位，也沒關係！合不來的就放生！只要這5位一接到符合需求的物件，會馬上想到你，這樣就成功了！

　　仲介介紹的物件你會先過濾，如果發現不精準，就重新溝通；適合的，就優先排看，最後可能有10～20位區域仲介都在幫你找房，有好的物件第一時間會想到你。而且，因為平常勤勞看房，真正的Apple物件出現時才有感覺，可以趕快做決定，你買到好物件

的機率當然就比較高囉！

　　另外，和仲介交心前，讓他知道你懂房地產，很重要！而且，一個家庭裡，一定要有一個人懂房地產，不要什麼都被仲介牽著走。好的業務喜歡「值得尊敬的買方」，當他發現你功課做得很扎實，也會喜歡跟你討論喔！

28

我心目中的好仲介

願意用心幫忙找房子、細心帶看，
對屋主有掌握度

　　仲介在買房的過程中扮演很重要的角色，我們不只需要仲介幫忙帶看，還需要他們幫忙議價。不過，由於仲介這一行流動很快，有做很久、很資深的，也有剛入行不久的。如果可以選，應該選經驗豐富的老鳥，還是剛入行、比較不油的新手經紀人呢？

　　我們先想一下：「老鳥 vs. 菜鳥，各有哪些優缺點？」

選擇好仲介的撇步

以老鳥經紀人來說，最大的優點當然是「經驗豐富」。不僅看的房子多，協調買賣雙方的經驗也很豐富，如果屋主要的價格明顯太高，或是買方出的價格明顯太低，通常會直接明示＋暗示，比較敢「挑戰」客人。

這個對我來說算是優點，為什麼呢？因為很多經紀人不敢挑戰屋主，就算屋主對價格的期望值不合理，也不會分析給屋主聽。表面上看起來很禮貌，但其實對買賣雙方，多做很多白工，到頭來房子還是沒有賣掉。相反的，大部分有經驗的經紀人，會去了解屋主賣房子的動機和急迫性。只要屋主的售屋動機很明確，就會去試探屋主真實的底價在哪裡，並且努力幫他把房子賣掉，對買賣雙方來說都比較有效率！

不過，一般人對於老鳥的印象就是可能比較「油」。相反的，剛入行不久的菜鳥經紀人可能感覺

比較誠懇，而且因為剛入行、手上客人比較少，比較會花時間幫你篩選物件、幫你帶看，說話也比較溫良恭儉讓，不像資深仲介那麼直接。但是，菜鳥的缺點就是比較嫩，對於房子的狀況、跟屋主議價的經驗都比較少，很容易就是「他陪你」、「你陪他」，彼此都在「陪公子讀書」，兩個人都還在累積經驗！

所以，到底要選老鳥還是菜鳥比較好呢？

老實說，這個問題沒有標準答案，就像「黑貓、白貓，會抓老鼠的就是好貓。」

我有遇過一個剛入行 3 個月的業務，真的很菜吧！可是，他手上剛好有一間台北市的房子，屋主專任獨家委託他銷售。而且，屋主不只委託他幫她賣房子，還委託他幫她找換屋的房子。為什麼屋主對他這麼信任呢？原來那個屋主是一個阿嬤，她和兒子、媳婦住在一起，平日白天兒子、媳婦要上班，她幫忙帶孫子，常常帶孫子和她家的狗去附近的公園玩。那個業務常

常在公園發傳單，會跟阿嬤聊天。年輕人很認真，還跟阿嬤說他白天時間很自由，如果有什麼需要幫忙不要客氣。

有一天，阿嬤家的狗生病了，她要帶牠去看醫生，可是她還要帶孫子、很難走得開，她就想到那個仲介。她本來想打給他，問問看有沒有比較推薦的獸醫，沒想到他跟阿嬤說，他家的狗之前去哪一個動物醫院，醫生很好。阿嬤要帶孫子不方便，他可以騎機車，幫她帶小狗去看醫生。

就這樣，後來狗生病好了，阿嬤剛好跟兒子吵架，想說乾脆把台北的公寓賣一賣，改去新北市找一個社區買兩間兩房的電梯大樓，可以住很近但不要住一起。這時候她想到誰呢？當然就是那個仲介！因為屋主要換屋的需求很明確，他也幫她找到適合的物件，所以，她只希望把原來的房子賣到一個可以接受的價格就好，順利換屋成功！後來她的房子賣給誰呢？剛好就是我！

所以，對我來說，不管菜鳥、老鳥，只要願意用心幫忙找房子、細心帶看，就算沒辦法分析優缺點，至少可以針對優缺點，和買方一起討論、交流想法和資訊。最重要是：對屋主有掌握度，可以有技巧地說服屋主調整心態，如果他在公司的人緣好就更棒了！還可以有其他同事幫忙協助或配案，讓交易更有效率。這就是我心目中的好仲介喔！

▎放輕鬆！看房聊天不是偵訊！

　　聽過我演講的同學都知道，在看房時，可以多和仲介聊天。很多資訊都是透過聊天的過程中問出來的。例如：這個房子賣多久了？有沒有人出價？有下斡旋還是口頭出價？屋主有沒有出來談？多久以前的事？屋主什麼時候買的？之前這個房子是自住還是收租？屋主幾歲人？現在住哪裡？為什麼要賣房子？要賣多少錢？

　　問這些問題，仲介回答的不一定是真的，但還是要問，因為如果不問，我們就沒辦法蒐集情報、判斷可以怎麼談。有些人學了之後，看屋時就拿一支筆，邊問邊做筆記，搞得像偵訊一樣，仲介的心防拉高，回答的很制式，最後什麼也沒問到！

　　放輕鬆！問的時候要像平常聊天一樣輕鬆自然，偶爾嬉笑怒罵、對話裡可能有酸甜苦辣鹹，都很正常。最好邊看房子，邊問、邊交流，把答案記在心裡，看完屋再寫下來，或開手機偷偷錄音，越輕鬆越好喔！

CALL IN 愛莉

Q 看房子被問到「預算多少？」、「看多久了？」該怎麼回答？

　　很多剛開始看房的朋友，可能都有這個疑問。如果回答剛開始看，對方會不會覺得我是很嫩的小白，什麼都不懂，做很多狀況給我。如果回答看很久了，可能又覺得為什麼我都沒有買，是不是買不起或不會買？

　　如果你是剛開始看房的新手朋友，不妨大方的坦承：「最近剛開始比較積極看屋，不過，很清楚自己的預算和需求、也做了很多功課，只要遇到條件符合、價格有空間的房子，都會盡量配合時間看房。」讓仲介知道雖然你剛看房不久，但絕對不是只看新聞、開價打對折、來亂的人。

　　如果你已經看房子看了一段時間，就可以回答：「之前有一段時間比較勤勞看房子，後來因為工作很忙，常常出差，最近才又開始看。」讓仲介不會覺得你只是看看、不會買喔！

仲介分兩種，
你找誰帶你看房？

我的答案是「開發」經紀人

　　有一次我直播時提到：「仲介有兩種，大家猜猜是哪兩種？」

　　馬上有同學回：「『誠實』和『不誠實』的！」

　　我哈哈大笑！這麼說也沒錯，不過，我本來的標準答案是：「『開發』和『銷售』。」

什麼是「開發」經紀人呢？當屋主委託仲介賣房子，簽委賣合約給某一個業務，這個業務就是所謂的「開發經紀人」。照理來說，他是全店裡最知道屋主狀況的業務，包含他想賣房子的可能原因、之前是自住還是出租、對價格的期望值、希望盡快賣掉還是真的不急，價格有到再說……，如果這個屋主簽「專任委託」給他（表示其他仲介品牌和屋主都不能賣），就表示屋主對他的信任度很高，他對屋主的掌握度通常也比較高。

而「銷售」經紀人，指的是：雖然物件不是他開發的，但是他可以介紹給他的客戶。

如果是加盟品牌，業績不錯的經紀人，通常會從「有底薪、低獎金」的「普專」，轉為「沒有底薪、高獎金」的「高專」，收入跟「成交」（俗稱「冒泡」）息息相關。

而「成交」又分「全泡」或「半泡」，「全泡」

就是自己成交，「半泡」則是跟別人一起成交。例如：某案成交總價 1000 萬，買方、賣方服務費一共收到 5%，總業績就是 1000 萬 x 5% = 50 萬。假設某加盟店的高專獎金是50%，「全泡」獎金 = 50 萬 x 50%=25 萬，「半泡」獎金 = 50 萬 x 1/2 x 50% =12.5 萬（以上會再扣稅、二代健保等等）。有些店還會設定「跳趴 %」業績目標，如是超級業務員，獎金比例還有機會再提高。

所以，如果某個案子真的很不錯，又是某品牌「獨家」「專任委託」，除非有特殊考量，不然，看屋時不妨可以直接指定找「開發經紀人」帶看。除了對屋主掌握度高，對他的業績獎金貢獻又高，有動機為買賣雙方喬一個彼此可以接受的價格。如果你是有 sense 的客人，他服務起來也愉快喔！

30

跟仲介議價前的功課

議價學問深，4 大關鍵數字，
讓你掌握「落價」

▌議價前需先了解的功課

　　雖然看房時，要問一些關鍵的問題，來判斷這間房子要從哪個角度切進去談比較好，但是，因為仲介回答的有可能不是真的，所以，如果有喜歡這間房子，務必要再多做兩個功課：

功課 1 **先了解實價登錄的行情**

　　議價之前，要先知道行情區間在哪裡（例如：每坪 45 萬～ 53 萬之間都有成交，均價是 47 萬）如果行有餘力，在出價之前，可以請 3～5 家銀行初步估價。

功課 2 **調謄本看基本資料**

　　從謄本上面可以看得到：屋主是民國幾年幾月幾日，因為買賣、拍賣、贈與、繼承遺產或是其他方式取得這個房子，他在民國幾年幾月幾日，在 A 銀行貸款多少錢？除了 A 銀行，還有沒有 B 銀行，或是任何民間的借貸？

▌議價時四個關鍵數字

　　做完這兩個功課後，就可以推敲屋主可能願意賣的「落點」。有四個關鍵數字影響了這個「落點」的高低：

台北市大安區 ▇▇段四小段 ▇▇▇.000 建號

查詢時間：2022-11-21 13:21:49

―――――――――――――― 建物標示部 ――――――――――――――

登記日期：民國061年01月11日　　　　　　　　登記原因：第一次登記
建物門牌：▇▇▇路一段286巷3號
建物坐落地號：▇▇ 段四小段 ▇▇▇ 0000
建築完成日期：民國060年06月21日
主要用途：住家用
主要建材：鋼筋混凝土造　　　　　　　　　　　總坪數：28.30 坪
層　　數：004層　　　　　　　　　　　　　　總面積：93.56 平方公尺
層　　次：一層　　　　　　　　　　　　　　　層次面積：93.56 平方公尺
其他登記事項：(空白)

―――――――――――――― 建物所有權部 ――――――――――――――

登記次序：0005
登記日期：民國100年07月18日　　　　　　　　登記原因：買賣
原因發生日期：民國100年05月02日
所有權人：李＊＊　　　　　　　　　　　　　　統一編號：A▇*****0
地　　址：台北市大安區▇▇▇１２鄰▇▇路一段▇▇號▇樓
權利範圍：全部1分之1
權狀字號：100北大字第▇▇▇▇號
相關他項權利登記次序：▇▇▇000
其他登記事項：(空白)

【本查詢資料之處理及利用，申請人應注意依個人資料保護法第５條、第１９條、第２０條及第２９條規定辦
理。本查詢資料有時間落差，實際應以地政事務所地籍資料庫記載為準。】

―――――――――――――― 建物他項權利部 ――――――――――――――

登記次序：0017-000　　　　　　　　　　　　權利種類：最高限額抵押權
收件年期：民國100年 松大字第014070號
登記日期：民國100年07月18日　　　　　　　　登記原因：設定
權 利 人：國泰世華商業銀行股份有限公司　　統一編號：04231910
地　　址：台北市信義區松仁路７號一樓
債權額比例：全部1分之1
擔保債權總金額：新臺幣　9,600,000元正
擔保債權種類及範圍：包括債務人對抵押權人現在(包括過去所負現在尚未清償)及將來所負之借款,墊款,透
支,貼現,消費借貸債務,侵權行為損害賠償,不當得利返還請求權。
擔保債權確定期日：民國130年7月16日。
清償日期：依照各個債務契約所約定之清償日期。
利息（率）：依照各個債務契約所約定之利率計算。
遲延利息（率）：依照各個債務契約所約定之利率計算。
違 約 金：依照各個債務契約所約定之違約金計收標準計算。
其他擔保範圍約定：行使擔保債權之訴訟及非訴訟費用,因債務不履行而生之損害賠償,抵押權人所墊付抵押
物之保險費。
權利標的：所有權
標的登記次序：0005
設定權利範圍：全部1分之1
證明書字號：100北大字第▇▇▇號

● 「謄本」上有很多重要資訊，包含：屋主是民國幾年幾月幾日、
因為買賣、拍賣、贈與、繼承遺產或是其他方式取得這個房子，
他在民國幾年幾月幾日，在 A 銀行貸款多少錢？除了 A 銀行，還
有沒有 B 銀行，或是任何民間的借貸？這些都有助於議價判斷。

關鍵數字 1 屋主（可能）的成本

　　賣房子時，除非市況真的不好，加上有財務或其他時間壓力，不然，要屋主賠錢賣通常不願意。所以，屋主當初的「取得成本」自然會影響屋主願意賣的落點。

　　如果調謄本時發現：屋主的「取得時間」是實價登錄上路以後（2012 年 8 月之後），可以直接查詢實價登錄，看看有沒有這一筆的成交資訊。如果屋主的「取得時間」是實價登錄上路以前（2012 年 8 月之前），可以用取得時間（當時的房價行情）和貸款金額初步推估。

　　例如：假設屋主是在 2011 年 7 月買賣取得，謄本上的「他項權利部」看到銀行貸款設定 960 萬，相當於當初申請 960 萬 /1.2 = 800 萬貸款（1.2 是銀行貸款設定的公式，因為銀行貸款是「最高限額抵押權」，設定金額都會以貸款金額乘以 1.2 倍，所以推估貸款金額時，要以設定金額 ÷1.2，所有銀行房貸都一樣喔！）

如果假設他貸款八成，那麼他的成本 =800/80%=1000萬。

關鍵數字 2 屋主（可能）的貸款餘額

有些屋主因為取得價格太高，但又希望趕快處理掉（不想繼續繳貸款，加上對房市沒有信心），可能願意賠一點錢，但賣掉後還掉貸款，希望至少可以拿一點錢回來。因此，第二個影響屋主願意賣的「落點」關鍵數字，就是：屋主目前剩下的房貸餘額。

以剛剛的案例為例：假設從謄本中看見 2011 年 7 月貸款設定 960 萬（相當於貸款 800 萬）、貸款存續期間 30 年。假設現在是 2024 年 6 月，距離屋主貸款時間過了 13 年，假設前兩年為寬限期，表示已經還了 11 年，800 萬 /（30 年 － 2 年寬限）x 11 年，大約還了 314 萬。可能的貸款餘額＝ 800 萬－ 314 萬 =486 萬（以上只能初步推估，因為本金攤還並非按年數平均，加上看不出來是否有用寬限期或有無提前還款，所以這裡只是用來推測「可能的貸款餘額」）

　　如果屋主最後賣掉的價格，扣掉仲介服務費，實拿 900 萬，雖然當初買 1000 萬，但是，賣掉房子可以拿回 900 萬 −486 萬 =414 萬（賠錢出售申報房地合一不用繳稅），如果屋主有資金需求，至少可以解燃眉之急。

關鍵數字 3　實價登錄行情和銀行估價

　　實價登錄行情其實是一個「區間」，即便平均均價是 30 萬 / 坪，實際的成交區間可能 26 萬 / 坪 ～ 35 萬 / 坪都有人成交。

　　我們的功課就是：依照屋況、樓層、巷弄、小環境、屋主急售程度、目前市場氛圍，來決定行情區間中的哪一個價格較合理，再往下設定價格。例如，如果屋況不錯，甚至屋主把所有冷氣、系統櫃都留下來，不需再花錢整理，格局、坪效、樓層、社區質感也都很好，那麼，就算最後成交在 31 萬 / 坪，好像沒有真的買便宜，其實已經是一個不錯的物件！

關鍵數字 4　屋主想賣的底價

　　看屋時，仲介有時會透露屋主想賣的價格。這時，要切記：「所謂的『底價』，其實是屋主的『目標價』，不代表完全沒有往下談的空間。」而且這個價格，還包含了屋主要付給仲介的服務費。

　　如果你發現屋主調降開價，或是本來只有委託一家仲介，忽然多開放好幾家一起銷售，就表示屋主變積極了，這時候通常也會比較好談喔！

31

買不到便宜的房子？
問題出在這！

中古屋的議價空間大，讓仲介
有好房源會想到你的關鍵

　　房子分為「中古屋」、「新成屋」、「預售屋」。「新成屋」和「預售屋」其實是看天吃飯，如果市場買氣很好，建商就很硬、議價空間不大！但如果買氣不好，像 2016 年、2017 年很多人都在觀望，常常看得到建商廣告主打「讓利」，議價空間就很多！

　　不過，有一種房子不管買氣好不好，都有機會買

到便宜，就是「中古屋」！大家想到「中古屋」，直覺就是「屋齡很老」，其實，就算是屋齡 1 年的新房子，只要屋主拿出來賣，因為是二手的，一樣會在「中古屋」市場流通。這裡有一個關鍵的角色，就是「仲介」！

▌與仲介打交道的扣分問題

大家有沒有想過：「為什麼有便宜的房子，仲介不會想到我呢？」

問題 1 **需求不明確，不是「準買方」！**

看屋時，仲介通常會問：「最近都看哪一區？」

如果你回答：「林口、三重、台北市大安區……都有看。」

仲介：「哇！範圍很大耶！那都看幾房的格局？」

如果你回答：「都有！中山區就看套房、三重看兩房、林口看三房……」

對於這種需求不明確的買方，仲介就算有好物件，通常也聯想不到你。加上仲介不喜歡陪公子讀書，通常就會等買方自行摸索到需求明確後，再來好好服務。

問題2　仲介來電報物件，三天後才能來看

不知道大家有沒有遇過這種情況：

某個星期二的上午，仲介來電：「A 先生，你上次看的那個社區，有一戶屋主剛委託我們，他很明確要賣，價格還蠻漂亮的，要不要趕快來看？」

A 先生：「星期六下午方便嗎？」

仲介說：「那先不用約好了，因為可能留不到那時候就賣掉了。」

別忘了，仲介的敵人不是你，他的競爭對手是他的「同事」！便宜的房子（當下）只有一間，他在和同事比「誰的客人動作比較快」，如果每次約你都要好幾天之後才能來看，時間久了仲介就不會想到你了。

問題 3 看屋要看三次，來不及出價就賣掉

　　有些人自己看完房子，還要找老公看，老公看完，還要找公婆看……如果是急售的物件，真的等不到你出價就賣掉了。所以，如果要「顧全大局」，就一次一起約，跟老公、公婆一起一次看完，看屋順便聯絡感情。如果是熟悉的區域，物件不錯，看屋時有好好注意屋況，價格有機會談，就把握機會要求看「產權調查」的「現況說明書」，馬上下斡旋！

問題 4 侷限於房子現況，無法創造價值

　　有些便宜的物件屋況可能需要整理，或是目前的格局不理想，需要改造一下。如果看屋時都侷限在房子的現況，看不出房子的「可塑性」（也就是仲介常說的「看不懂的買方」）那麼，這類型的物件地點再好、價格再便宜，仲介也會直接跳過你。

　　看屋時，要記得「現況」不是重點，只要房子有「可塑性」，「買到的價格」和「預計整理的預算」兩個合計，比一般市價行情便宜，就是一個可以考慮的物件。

Before

After

● 「現況」不是重點，只要房子有「可塑性」，「買到的價格」和「預計整理的預算」兩個合計，比一般市價行情便宜，就是一個可以考慮的物件。

一開始就談服務費

很多人在看屋時，會直接問仲介「服務費有沒有談的空間？」真的是犯了大禁忌！為什麼呢？試想：如果你是仲介，A 買方還沒出價，就想砍服務費。B 買方沒有砍服務費，但是很認真的跟我討論房子的條件和價格。兩個人都委託我幫忙跟屋主談價格，你比較想幫誰呢？

那麼，什麼時間談「服務費」比較好呢？其實，談「服務費」不如談「總價＋服務費」。當你斡旋後、見面談時，如果仲介希望你再往上加一點，就可以適時的把「總價＋服務費」當成你的預算數字，來跟仲介討論囉！

「塞翁失馬，焉知非福」，別被議價影響心情

關於議價，有時來來回回，心情難免受影響。不過，「塞翁失馬，焉知非福」這句話用在買房，有時

真的非常貼切。

　　有個學員私訊我議價諮詢：他和家人看上一間電梯大樓 4 樓三房。我和他討論出合適的價格和議價策略。第一次見面談，屋主很堅持，無功而返，隔天退斡旋。隔兩週後，他跟我說：他用一樣的價格買到 11 樓了！樓層更高、屋況更好、價格更漂亮。簽約時他感動到快哭了！

　　我跟他說：「4 樓的屋主一定傻眼了！」
　　他說：「對啊，不過我們也很感謝他們，因為他們的堅持，才讓我們有機會談到更好的樓層。」

　　遇到喜歡的社區，設定好自己的合理價，持續看，別放棄！房子是屋主的，他有權利堅持他的價格，我們就持續追蹤，同時留意其他物件。有時老天沒有給你你想要的，真的是因為他要給你更好的唷！

CALL IN 愛莉

Q 仲介報的 **Apple Case** 一定是好物件嗎？

「愛莉，仲介打電話跟我說，有一個房子下週一才上架，不過他們店打算偷跑，先約一些好的客人週六早上統一看房子，問我要不要來看！這種物件是不是一定就是好物件呢？」

雖然說仲介報的好物件要把握，但是，還是可能有陷阱喔！如果仲介約的是開放一個特定時段，讓買方一起「團看」，就很容易因為當下氛圍而不小心追價。

有些仲介甚至會操作「投標」的遊戲規則，「團看」之後由各個業務請有興趣的買方下斡旋，將斡旋單投入「投標筒」裡面，當天某一個時間公開打開「投標筒」，看看哪一個買方的價格最高，再約屋主見面談。

遇到這種的，還是可以去看屋，不過，出價時還是要做完功課，再判斷自己可以接受的價格，不要被「團看」氛圍沖昏頭喔！

買房 TIPS

實價登錄資訊沒告訴你的事

　　實價登錄從 2012 年 8 月上路到現在，中間歷經「實價登錄 1.0」和「實價登錄 2.0」，轉眼也已經 10 餘年了。「實價登錄」是許多人買房、賣房重要的參考資訊，連銀行估價也會參考它。

　　然而，「實價登錄」裡有許多我們看不到的資訊，卻影響著價格和房子本身的價值。以下是「實價登錄資訊」看不到的事。（請詳見後頁表格）

　　看完這些，有沒有發現實價登錄也有很多貓膩？這也是為什麼除了實價登錄外，我們會建議大家也可以在出價前初步問銀行的估價。因為銀行的估價，也是議價時很重要的參考，也關係到貸款貸不貸得到喔！

類型	說明
① 屋況	包含有沒有漏水？有沒有鋼筋外露？有沒有裝潢？甚至，有沒有白蟻？都看不出來。所以，假設同一個社區有兩間一樣的坪數、差不多的樓層，都成交 1000 萬。一個預計要再花 150 萬整理，一個不用再花什麼錢整理，在實價登錄看起來卻是一樣的。
② 嫌惡設施、 風水條件	附近有沒有嫌惡設施？有沒有風水煞？假設某一個社區 A 棟看得到福地，B 棟看不到。或是 A 棟有路沖，B 棟沒有，合理行情就應該不一樣。
③ 格局條件	「實價登錄」資料中看得出來幾房幾廳，但看不出來有沒有方正？有沒有採光？有沒有廁所居中或開門見廁、開門見灶……這些風水的缺點。另外，許多隔套收租的買方，為了方便貸款申請，會找不用入內看的銀行，隔套物件也會寫成住家格局，這些也是實價登錄沒有真實反應的。
④ 價格有沒有被墊高	有些建商針對「新成屋」和「預售屋」，會用「裝潢補貼」的方式「變相折價」（例如：總價 1000 萬，另外提供 100 萬的裝潢補貼，對買方來說，實際的買價就是 1000–100=900 萬，但實價登錄會寫 1000 萬）雖然政府有要求要把裝潢款備註在資料裡面，但大部分申報時都不會填寫，這個也是實價登錄看不出來的。

類型	說明
⑤ 車位的「坪數」和「價格」沒有拆分	這個是許多社區大樓常見的 bug。某一筆實價登錄資料成交總價 5500 萬，總坪數 66.35 坪。上面只有寫有「車位」，但沒寫車位「坪數」，甚至沒說車位多少錢。如果用 5500 萬 /66.35 坪，以為一坪成交 82.89 萬，就失真了！如果知道車位坪數為 13.38 坪，車位價格為 400 萬，才能拆分算出房子的成交單價＝（5500–400）/（66.35–13.38）=96.28 萬 / 坪。
⑥ 過高、過低不揭露	根據「不動產成交案件實際資訊申報登錄及預售屋銷售資訊備查辦法」第 18 條「直轄市、縣（市）主管機關受理申報登錄之不動產買賣案件實際資訊，經篩選去除顯著『異於市場正常交易價格』及特殊交易之資訊並整理後，提供查詢之資訊類別及內容……」
	什麼是「異於市場正常價格」？就是「過高」或「過低」的，而且不是備註親屬間交易的那些。「親屬間交易」會在備註欄裡看得到，但是，其他筆被政府認為過高或過低的正常交易紀錄，卻連揭露都不會呈現出來。
	所以，之前我們曾經在買完房子、辦完貸款 2 個月後，銀行回查實價登錄，發現查不到這一筆，以為我們沒有去登錄，要求我們說明。我們請代書提供實價登錄的登錄資料給銀行證明我們有去登錄，但因為買太低，所以系統沒有揭露出來，就是屬於這一種。

類型	說明

在「實價登錄」系統，「大樓」和「華廈」是用「總樓高」來區分，但實務上，我們不是用「總樓高」來判斷，而是看它有沒有管理。

7
房子的其他條件

另外，像：有沒有垃圾回收？鄰居住什麼樣的人？如有增建，增建的具體內容是什麼？如是一樓的物件，有沒有前庭後院？可不可以停車？有沒有店面效益（有些「店舖」仍登錄為「住家」）附近的小環境是公園還是宮廟？學區是哪一個？所有你看屋、出價會在意的，實價登錄都無法直接看出來。

關於預售屋 ① ：
預售屋銷售階段
建案從潛銷到完銷的 5 個階段

　　如果你想買的是「預售屋」，由於一個建案有多戶同時開放銷售，加上面對的是建商或代銷，議價技巧與中古屋面對仲介和屋主不同。在了解如何談「預售屋」之前，我們先來了解一下，一個建案從潛銷到完銷，會經歷哪些不同的銷售期：

階段 1 潛銷期

許多建案在正式開賣前，會有一段「潛銷期」。如果某一個建案預計用一年的時間來銷售的話，「潛銷期」通常就是第一個月。有時我們會在網站上看見某建案「即將公開」、「售價未定」等，就是正在潛銷期的建案。

有時「潛銷」是為了等「建照」下來（政府規定「建照」還沒下來之前不能銷售），有時是還在籌備（文宣、廣告、接待中心、樣品屋等），當然，有時是為了造勢（先收集有興趣名單，開賣時再一一通知來談）有時我們會看到所謂的「早鳥價」，就是潛銷期建商在測水溫，開始開放買方預付訂金。

許多人常常會有一個印象，覺得「潛銷期」價格通常比較便宜。真的是這樣嗎？其實，這跟房市景氣有關。怎麼說呢？

房市景氣，影響預售屋「潛銷期」定價

> 房市熱絡時➡通常「潛銷期」價格比較便宜
> 房市冷清時➡「潛銷期」價格如賣不動，後
> 　　　　　　面還有可能調降

　　當房市熱絡，通常「潛銷期」價格比較便宜，後面會逐步調高價格。如果遇到房市回檔，除了少數區域買氣熱絡外，大部分區域相對冷清。如果潛銷或開盤價格走不動，反而可能會調降價格。如果在開賣初期就進場的人，反而有可能買貴。

　　舉例來說，2016 年時房價面臨修正，有學員去看台中預售屋，它的廣告戶是 28 坪、開價 868 萬。過了幾週，又看到第二個廣告：同樣坪數，價格變成 698 萬。雖然樓層、戶別可能不同，但明顯的價格調幅也讓看屋的人很有感。

　　無獨有偶，2018 年初，有朋友去看某一個新北市

的預售案。潛銷時給的折扣價格是一坪 52 萬，開賣後四個月，給的價格約一坪 45 萬，也是經過市場反應調整後的價格。

階段 2 公開期

當「建照」下來，接待中心、文宣DM也完成之後，建案就會進入「公開期」，開始對外正式銷售。如果某一個建案預計用一年的時間來銷售的話，「公開期」通常會維持 2～3 個月。

此時，除了通知「潛銷期」有預付訂金的買方來簽約外，如果「潛銷期」的預約單收單情況還不錯，正式公開銷售時價格會再往上微幅調整。這個階段，建案雖然有廣告曝光，但還沒有到鋪天蓋地的程度。當然，如果「潛銷期」的收單狀況不理想，正式公開銷售時，價格也會微幅下修喔！

階段 3 強銷期

當建案公開銷售穩定，價格和產品定位清楚後，建案開始大買廣告，進入「強銷期」。如果某一個建案預計用一年的時間來銷售的話，「強銷期」通常會維持 3 個月。

這個階段，除了鋪天蓋地的廣告曝光外，可能還會有某個區域的幾個建案聯合起來買媒體曝光的狀況（有時我們在某一段時間，不管是看新聞或許多談話節目，發現他們都在討論某個重劃區，就是這個情況），如果前面階段的銷售穩定，建商通常在「強銷期」會再往上調價一次，甚至依照銷售反應，每兩週調一次價格（所以有些代銷專案經理也會藏業績，把訂單分散到各週，不要集中呈報給建商，就是避免建商覺得賣太便宜，想要調價）。

階段4 掃蕩期

經過上個階段鋪天蓋地的廣告曝光之後，建案的知名度大開，銷售也漸漸進入中後段。原本保留的戶別（俗稱「建商保留戶」）也會開放銷售，建案進入「掃蕩期」，吸引觀望的買方來買房子。如果以一年的建案銷售期程來看，「掃蕩期」通常約 3 個月。建商可能會在這個階段繼續調價，並維持廣告曝光熱度。

階段5 收尾期

當一個建案銷售進入倒數席次，就進入「收尾期」。如果以一年的建案銷售期程來看，「收尾期」通常約 2 個月。如果是代銷廣告公司銷售，通常會希望盡快收回人力，執行下個個案，這時，在「收尾期」可能願意拿前面溢價超賣的價格來補最後幾間，有機會談到不錯的價格。不過，如果建商價格管控嚴謹，甚至是建商自售，那麼，針對最後幾間可能更惜售喔！

如果對一個建案有興趣，應該在哪個階段去談比較有機會拿到好價格呢？

一般來說，「潛銷期」和「公開期」是代銷的「保本期」。不僅物件選擇性多，價格也較具彈性，不過還是要觀察市場買氣，避免建案價格沒有調升、反而調降。再來就是「收尾期」，不過這階段物件選擇性少，而且如果建商惜售，議價空間可能不大喔！

33

關於預售屋 ②：
議價時常見迷思

在議價的時候，要參考鄰近屋齡 5 年內、
甚至 10 年內的實價登錄

▍迷思 1 找建商老闆買最便宜？

就像買「中古屋」，有些人有個常見的迷思：以為直接跟屋主買，可以省下服務費，會比透過仲介還便宜。套用到「預售屋」：有些人覺得如果直接找建商老闆，會不會最便宜？

答案是：「不會！」大部分建商對於自己的房子，都是能賣高、就賣高。身為建商老闆，更是對房子相當有信心。只有「代銷」才有辦法抓長補短，並透過各種市況分析，幫忙爭取價格喔！

迷思 2 找專案經理談比較便宜？

接待中心現場，除了「跑單」（業務）外，還會有負責整個案子「銷控」的「專案經理」。一般接待來客的都是跑單，專案經理通常坐鎮在櫃台，負責掌握銷售進度和價格。許多人以為找專案經理出來比較好談，其實，不只買方會「角色扮演」，跑單和專案也是很會「角色扮演」的喔！

許多人都有這樣的經驗：議價議到最後僵持不下，以為找專案經理出來談比較有空間，要跑單請專案經理出來。

結果專案經理一出來就先當著客人的面，劈哩啪啦先唸了跑單一頓，說跑單給的價格破底價，沒有先問過他，胡亂答應客人，他根本不能賣。結果你本來是打算等專案經理出來時再狠狠砍一刀的，沒想到不僅砍不成，連原來小姐答應的價格反而還快保不住，心急之下，只要能保住原來的價格就滿足了，結果什麼也沒多凹到，就買單了……其實這時候他們就是在「角色扮演」，一個扮黑臉，一個扮白臉。

　　所以，把你做好的功課跟接待自己的跑單談，讓跑單知道你的需求很明確，而且自己就可以做決定，請他幫忙請專案經理跟建商爭取（很重要！說三次！如果業務發現你還需要帶爸媽或另一半才能決定，絕對不會在現在就給你最好的價格！）請專案經理出來，不見得價格更好喔！

迷思 3　預售屋賣的是未來價，比旁邊的成屋貴是應該的？

很多人以為買「預售屋」都會增值，其實，蓋好之後，房市反轉，房價反而跌的案例也不少。

雖然預售屋因為還沒蓋好，銀行無法提供初步估價，但是，在議價的時候，還是要參考鄰近屋齡 5 年內、甚至 10 年內的實價登錄，最多不要溢價超過 15%，再依照基地面積、建商品牌……做價格上的加減。不要因為預售屋就追價追太高喔！

CALL IN 愛莉

Q 「有許多預售屋建案，會主打「低自備款」，會讓買房壓力變低嗎？有哪些眉角可能忽略了呢？」

　　有些案子強調「低首付」，下訂的當下的確壓力比較小，甚至有些案子主打「工程零付款」，到快蓋好時，才要付工程款和辦房貸，多了好幾年可以存錢。但是，這種付款方式也會大大提高建商因為週轉不靈、建案無法如期完工，成為「爛尾樓」的機率喔！

　　隨著 2020 年 12 月以來，央行五度調整選擇性信用管制措施，建商的「購地貸款」，從過去的 7 至 8 成，下降為貸款 5 成（且有其中 1 成需保留為「動工款」），「餘屋貸款」也從過去的 8 成，下降為最多只能貸款 4 成。加上工料漲，如果信託專戶中，買方預付的款項很少，就非常考驗建商的財務體質，一旦資金斷鏈，就會有跳票的風險。不可不慎喔！

「房財兩失」
的買賣詐騙，
就在你我身邊

買房合約陷阱多，愛莉從預售屋、成屋
的交易流程及合約重點，一一解析，了
解自己的權益，買房不吃虧。

詐騙事件 ①：賣個房子，
錢還沒拿到，房子就變別人的了！

搞清楚「價金信託」和「履約保證」的差別

　　2018 年有一個大新聞：「假買房，真詐騙？賣房財屋兩失，房子淪法拍！」這個看似交易糾紛、實為詐騙的手法，如法炮製發生在 40 多組賣方身上。簽約時有代書、簽約後買方隨即照合約付了 1 成的頭期款，還到銀行做「價金信託」……一切看起來都很安全，怎麼會房子被過戶、還被設定抵押高額借款都不知道！房子淪為法拍，涉案的代書和借錢的地下錢莊都喊冤，

說他們也是受害人。到底中間出了什麼差錯？不是有銀行的「價金信託」嗎？

錯了！「成屋」買賣要做的是「履約保證」，不是「價金信託」。「價金信託」是「預售屋」中的交易保障制度之一（買方所繳的錢，全部都存入信託帳戶，由建商專款專用）。

而「履約保證」（履保）顧名思義，就是確保雙方履約：買方支付價金給賣方，賣方將產權過戶給買方，交屋、銀貨兩訖。買方所有款項都先存放在銀行專戶裡，等到交屋當天完成所有手續後，再由買賣雙方一手交錢（履保專戶撥款）、一手交權狀，以保障雙方買賣價金的安全。

有些承作履保服務的建經公司，甚至還限定只有他們定期審核通過的特約代書，可以提供它們的履保服務，從簽約、繳款、過戶、交屋、撥款都在履約保證的保障內。只要你買的是「成屋」，不管是跟屋主、

仲介還是建商、代銷買，「代書」和「履保」都是非常重要的保障。千萬不要和「價金信託」搞混囉！

成屋交易安全制度（新成屋／中古屋適用）

只要你買賣的標的是「成屋」，不管是「中古屋」或「新成屋」，一定要使用「履約保證」來保障自己的權益。

只要簽約的時候跟對方説你要用履保，代書簽約時就會使用履保專用的合約給買賣雙方簽。

履保費用是成交總價的萬分之六，買賣雙方各付一半。也就是説：**總價 1 千萬的話，買賣雙方只要各付 3 千元就可以享有交易安全的保障。千萬不要因小失大喔！**

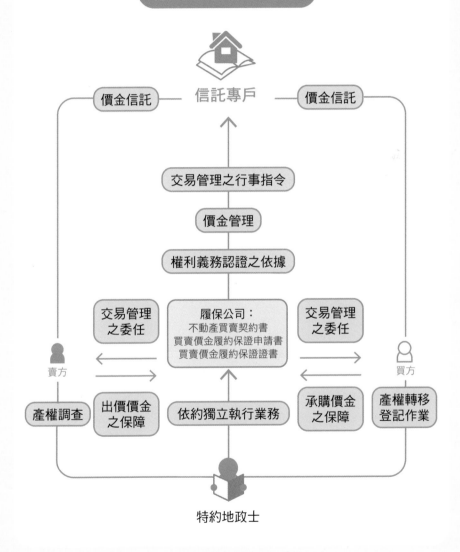

履約保證服務流程

詐騙事件 ② : 房子交屋半年才發現不是自己的？

交屋時少做一個動作，功虧一簣、糾紛連連！

2018 年有另一個房地產的重大交易糾紛：「建商『一屋二賣』，花畢生積蓄買房，入住半年才發現房子不是自己的 !?」

明明都已經搬進去住了，怎麼還會有房子不在自己名下的狀況？到底發生什麼事呢？

除了簽約時，一定要確保交易安全保障外，交屋時，還要多做一個動作——「調閱謄本」！因為「權狀」可以造假，線上即時調閱的「謄本」不行。看一下謄本上的所有權人是不是你的名字，貸款的部分，除了自己的房貸之外，有沒有其他的抵押權設定或限制登記等。

上面提到的「一屋二賣」，受害買方就是少做了這個動作！建商交付鑰匙，讓他們提前搬進去，卻從來沒有確認過產權是不是在自己名下，等到建商的債權人登門主張房子是他們的時，才發現房子根本不是自己的！只能組成自救會，和建商、債權人協商，真的欲哭無淚！

買房 TIPS

買屋、賣屋交易流程

買房交易流程

階段	內容
1 看屋	依照設定的區域、類型、預算、坪數等條件，開始看房。
2 斡旋 / 要約	如透過仲介買成屋：看到適合的物件有興趣出價的話，可以選擇「要約」或「斡旋」。
3 議價	「要約」或「斡旋」的價格如果達到屋主的底價，仲介可能直接約簽約。如果還沒，仲介可能約雙方出來「見面談」。雖然叫「見面談」，不過，通常買方、賣方會分配在不同的會議室，由仲介居中協調。如果雙方價格有合意，就會正式簽立買賣契約（簽約）。
4 簽約	核對簽約當天的即時謄本，確認所有權人，以及上面有無限制登記事項（如果有，仲介是不是都溝通清楚，在交屋前，確認一定可以塗銷完成才可以）。 確認簽約當事人為本人或有權代理人。 一定要使用「履約保證」。

詳閱合約 (包含「現況確認書」，如：房子有沒有違建、有沒有漏水、有沒有做過氯離子檢測、有沒有發生過非自然身故等，都會由屋主勾選和填寫，作為房子出售時屋況的聲明)、總價、物件地址、面積、價格和繳款時間、金額、屋主要留給你的家具 / 家電 / 設備、預計的貸款、最晚交屋日。

如有要加註「但書」，務必確保用字精準，不可模擬兩可。

● 付款金額：**10%**

❺ 用印

約簽約後一週的時間，如果簽約當天屋主有帶印鑑證明和印鑑章，就可以一起完成。

● 付款金額：**10%**（如貸款 8 成，則此 10% 省略）

❻ 完稅

對買方來說，就是契稅、印花稅。通常此階段差不多要決定要跟哪個銀行貸款了！

● 付款金額：**10%**

❼ 過戶

這時候權狀上就會更改為新的屋主的名字，但還沒交屋喔！因為還有一個很重要的工作還沒做：下一個階段的「貸款」。

❽ 貸款

如買方有貸款，就會設定新屋主的抵押權、貸款銀行撥款。

如果原來賣方還有房貸要還，買方的房貸會先幫他清償（也就是俗稱的「代償」）在清償後的 3 個工作天左右，就會去塗銷原來屋主的抵押權設定。如果代償後還有多的，買方的房貸銀行就會撥款到履保專戶。

● 付款金額：**70%**（如貸款 8 成，則為 80%）

❾ 驗屋

中古屋一般是「現況交屋」，在看屋時就要特別注意屋況。若看屋時發現窗戶壞了、地板磁磚裂了，只要對方沒有隱匿，就算驗屋時才發現有這些現象，也不能請原屋主修繕。

所以，驗屋時要特別注意跟看屋時相比，有沒有「新增」的瑕疵。例如：如果屋況說明書上，屋主勾選「沒有漏水」，看屋時，因為沒有下雨，也沒看到有漏水，或是家具遮住了，看不出來，結果驗屋時才發現有漏水。

因為和屋況說明書上陳述不同，這時，屋主就要修繕好再交屋給你，或雙方協調一個金額，由前屋主補貼給你自行修繕。

另外，確保合約中屋主要留下的家具、家電、設備都有在現場，其他騰空交屋。

❿ 交屋

仲介會幫忙更名和切算水、電帳單，代書也會幫忙切算稅費金額，把新的權狀交給買方，由賣方提供房子的鑰匙交接給新屋主。

在交屋後簽名，同意履保公司把專戶裡的錢撥款給賣方。

賣房交易流程

階段	內容
① 針對行情 做功課	在賣房子之前，最好先針對你要賣的房子同一個路段或同一個社區的實價登錄行情先做功課，並斟酌考慮現在的市況、和房子本身的屋況、社區目前有幾戶拿出來賣……先設定想賣的價格，做完功課後再跟仲介聊，才不會被仲介帶著走。
② 跟仲介簽 「委賣」合約	分成「專任委託」（不能委託給其他仲介賣，也不能自己賣）和「一般委託」。不管委託幾家仲介，開價和底價最好統一一致比較好。 另外，在委託時也可以請仲介的代書幫忙試算這個房子的土地增值稅，如果還有「一生一次」或「一生一屋」的優惠自用可以用，也可以考慮要不要用在這個房子。
③ 仲介帶看、 收買方的 斡旋或要約	仲介帶看過程，當有買方有意願時，通常仲介會引導買方下「要約」或「斡旋」。
④ 議價	如果買方的「要約」或「斡旋」的價格達到委託的底價，仲介可能直接約簽約。如果還

沒，仲介可能約雙方出來「見面談」。雖然叫「見面談」，不過，通常買方、賣方會分配在不同的會議室，由仲介居中協調。如果雙方價格有合意，就會正式簽立買賣契約（簽約）。

準備權狀正本、身分證正本，如果簽約的不是屋主本人，還要記得帶屋主的授權書。

★ 一定要使用「履約保證」。

5 簽約

詳閱合約（再次確認「現況確認書」內容是否都正確，如：房子有沒有違建、有沒有漏水、有沒有做過氯離子檢測、有沒有發生過非自然身故等，都會由屋主勾選和填寫，作為房子出售時屋況的聲明）、總價、物件地址、面積、價格和繳款時間、金額、預計的貸款、最晚交屋日。

★ 特別注意：如果房子有瑕疵（例如：漏水），你希望以現況交屋、由買方自己處理的話，在合約裡一定要標註清楚。以及，有哪些設備要留給買方（如：家具、家電、廚具、冷氣等），都要在合約裡面約定清楚，才不會在點交時有爭議。

6 用印

約簽約後一週的時間，如果簽約當天有帶印鑑證明和印鑑章，就可以一起完成。

❼
完稅

對賣方來說，就是土地增值稅。買方如有要貸款，可以透過代書關心一下貸款進度。

❽
過戶

這時候權狀上就會更改為新的屋主的名字，但還沒交屋喔！因為還有一個很重要的工作還沒做：下一個階段的「貸款」。

❾
貸款

如買方有貸款，就會設定新屋主的抵押權、貸款銀行撥款。

如果你還有房貸要還，買方的房貸會先幫忙清償（也就是俗稱的「代償」）在清償後的 3 個工作天左右，就會去塗銷你原本的抵押權設定。如果代償後還有多的，買方的房貸銀行就會撥款到履保專戶。

❿
買方驗屋

確保合約中要留給買方的家具、家電、設備都有在現場，其他騰空交屋。如有出售後才新增（或發現）的屋況問題（如：漏水），要跟買方討論由你處理好後交屋給他，或折價金由他自行修繕。

⓫
交屋

跟代書核對履保專戶的資金交易及利息結算明細表，裡面剩下的錢都是交屋後要撥款給你的。

請代書調閱最新的謄本，確定你本來的房貸

都已經清償塗銷了。

仲介會幫忙更名和切算水、電帳單，代書也會幫忙切算稅費金額，把新的權狀交給買方。

提供房子的鑰匙交接給新屋主。

⑫
申報「財產交易所得稅」或「房地合一稅」

如銷售的是 2016 年前取得的房子：出售隔年的 5 月要將「財產交易所得」合併到個人年度所得中一起申報。

如銷售的是 2016 年後取得的房子：「過戶」（是「過戶」，不是「交屋」喔！）給新買方的過戶日期，次日起算 30 天內要申報「房地合一稅」。

CALL IN 愛莉

Q 中古屋有合約審閱期嗎？

「愛莉，我家人前天簽約買了一間中古屋，但是，今天跟銀行確認貸款條件時，才發現買太貴了！我們跟仲介反應簽約後才隔 2 天而已，應該還在『合約審閱期』，我們不想買，仲介說中古屋沒有『合約審閱期』，預售屋和新成屋才有。真的嗎？我們真的不能反悔了嗎？」

在回答這個問題之前，我們先來了解一下，什麼情況會有「合約審閱期」呢？

所謂的「合約審閱期」，其實是「消費者保護法」在合約是 B（business） to C（consumer），也就是「公司對消費者」要簽「定型化契約」時的一個保障。而且那個 B（也就是公司）必須以「買賣房地產」為營業項目才算！

所以，舉例來說，我們跟建商買房子，有沒有「合約審閱期」？有！因為建商以賣房子為業，我們不管是用公司名字還是個人名字買，都是消費者。所以，跟建商買預售屋或新成屋，都有 5 天的合約審閱期！

又或者：買方委託仲介斡旋：仲介公司是 B，買方是 C，或是屋主委託仲介幫他賣房子：仲介公司是 B，賣方是 C，都算 B to C。所以「斡旋」、「要約」，或屋主簽給仲介的「委賣合約」，都有 5 天的「合約審閱期」！

那我們透過仲介跟屋主買中古屋呢？買賣合約上其實兩造雙方是我們跟屋主。如果屋主不是建設公司，基本上不需要提供「合約審閱期」，簽了就是簽了！

如果反悔不買，除非可以舉證交易的過程或物件有隱匿的瑕疵，不然，屋主可以要求沒收所有已經繳的款項。如果有押本票，賣方甚至可以主張買方支付本票的金額，或是履行買賣合約！

所以買中古屋在簽約前一定要三思喔！

36

詐騙事件 ③：建商蓋到一半就落跑！已購戶房財兩失

要知道只有「價金返還」才能萬無一失

　　「北市又爆爛尾樓？大安區『每坪 125 萬』！建案驚傳跳票停工……」

　　「建商完銷就倒閉！中和「稀有 4 字頭」新案基地淪法拍，履保帳戶只剩 600 萬，34 名已購戶『房財兩失』……」

　　「繼苗栗 xx 建設後，落跑建商又一例！桃園誠信品牌建商驚傳倒閉，買方成立自救會，淚控血本無

歸⋯⋯」

「只剩『鋼筋、箍筋、水泥座』！雲林至少4件預售案陷爛尾風暴⋯⋯」

每當看到建商倒閉的新聞，除了被積欠工程款的包商、被建商倒帳的銀行外，最無助的，莫過於付了大額款項的買方，不僅無法交屋，而且因為建商還跟銀行借很多錢，所以就算是爛尾樓，房子和土地也還是任由銀行法拍，根本輪不到買方。建商已經脫產、不知去向，信託專戶裡的錢則已被提領，剩下寥寥無幾。買房夢碎，面對幾乎沒有勝算的官司訴訟更是心力交瘁⋯⋯。

▋ 想買預售屋，如何保護自己的權益

很多人會很好奇：明明預售屋有信託專戶，為什麼建商還可以倒帳？對消費者的保障在哪裡？如果我真的想買預售屋，要怎麼保護自己呢？

　　為了確保工程順利進行，政府要求建商針對預售屋的預收款，必須提供擔保或信託。根據內政部規定的預售屋履約保證方式，總共分為五種：「價金信託」、「不動產開發信託」、「同業連帶擔保」、「公會連帶保證」、「價金返還」。

▌審視合約中是否有「價金返還」的方式

　　如果遇上建商倒閉變成爛尾樓，除非預售屋履約保證是採用第五種「價金返還」的方式，不然繳出去的錢，大概都拿不回來。然而，我幫學員審過這麼多預售屋合約以來，就只有看過三份合約是用「價金返還」制度。

　　所以，如果你是現在想買房的首購族，可以的話，盡量先避免碰預售屋。雖然許多建商打著知名品牌或是上市上櫃的招牌，但是，我們不見得能知道建商實際財務狀況。而且隨著建築工料齊漲，加上央行信用

管制下，建商資金成本越來越高，只要預售的交易保障制度沒有修正，這樣的新聞恐怕只會越來越多。

　　如果真的一定要買預售屋的話，依照保障的高低順序分別是：價金返還 > 不動產開發信託 > 價金信託 > 公會連帶保證 > 同業連帶擔保。這些都會寫在合約裡面，而且一定要慎選建商喔！

買房 TIPS
預售屋交易安全制度

為了確保工程順利進行，政府要求建商針對預售屋的預收款，必須提供擔保或信託。根據內政部規定的預售屋履約保證方式，總共分為以下五種：

保障制度	內容	分析
① 價金信託	買方所繳的錢，全部都存入信託帳戶，由建商專款專用。	這兩個都是把錢交給信託單位，依照蓋房子的進度，分階段撥款給建商。提供信託服務的銀行和建經公司沒有提供完工和價金返還保證，只保證專款專用。也就是：建商蓋到哪，就跟信託單位請款到哪，所以信託專戶裡的錢會越來越少。
② 不動產開發信託	建商把這個案子的土地和蓋房子的錢，信託給銀行或信託業者，執行信託管理。	甚至建商請款後，不一定有付款給相關單位，導致於建商倒閉時，很多包商也跟著受傷。如果蓋到一半，建商申請破產，專戶裡的錢可能也寥寥無幾了。

❸ 同業 連帶擔保	由同一個等級的建商提供連帶擔保。如果本來的建商蓋不下去，由幫它擔保的建商繼續蓋完。	想像一下：如果你是建商，你會幫其他建商做擔保嗎？應該不會！除非你們兩家是互為股東或是同一個老闆，所以，一家倒了，另一家可能也不保。
❹ 公會 連帶保證	由公會提供連帶擔保。如果本來的建商蓋不下去，由幫它擔保的公會繼續蓋完。	另外，如果是提供這兩種擔保，通常就沒有信託或履保專戶了，所以，簽約之後，通常錢就直接繳給建商，沒有保證建商一定會專款專用。而且只保證蓋好，沒有辦法避免被建商的其他債權人查封。所以，這兩種「擔保」的制度保障很小。
❺ 價金返還	所有買方繳的錢都存在第三方金融機構裡面，交屋之前，建商全部都沒辦法動用，如果建商在交屋前倒閉，買方所有已經繳的錢，可以全部退回。	★ 是這五個交易保障制度裡最安全，但也是建商最少用的。

預售屋合約
9 大陷阱一覽無遺

別以為「定型化契約」就一定安全！

　　很多業務在拿預售屋合約給買方回去審閱時，都會補上一句：「預售屋合約是政府的『定型化契約』，所以內容大同小異，基本上很安全！」真的是這樣嗎？

　　預售屋合約中，會涵蓋哪些內容呢？

● 物件資料：地號、戶別、面積、樓層……

- 金額和付款條件：訂金、簽約金、開工款、工程款、貸款、交屋款
- 工程期限：最晚交屋日
- 逾期的罰款
- 交易安全制度
- 找補條件：如果交屋坪數和合約不同時，如何找補錢
- 雙方的違約條款
- 建材設備表
- 保固條件
- 格局圖：通常放在合約附件
- 約定專用的條件：同意社區的庭院或露台戶由某些住戶專用
- 大廈規約草約：有些建案會一起提供

預售屋裡的合約 9 大陷阱

我們來看預售屋合約裡，有哪些常見的陷阱？

陷阱 1　交易安全

有一次受訪時，我被主持人問到這個問題：「如果擔心建商倒閉或預售屋停工的意外事件，消費者可以如何規避風險？」

老實說，在台灣預售制度改善之前，這仍然是買方最弱勢的地方。雖然「定型化契約」要求建商要提供五種交易安全保障制度擇一，然而，其中只有「價金返還」可以確保就算建商倒了，買方所繳的錢也能拿得回來。甚至有建商，這五種都沒提供……買預售屋變成一場賭注！

陷阱 2　交屋尾款

預售屋在交屋之前，除了前面的工程款建商已經收到之外，連銀行貸款都已經撥款給建商了。所以，真正還可以用來「制衡」建商的，就剩下「交屋款」了。

內政部定型化契約規定：「交屋款」至少要佔總價的 5%。但是很多建商在合約中，把「交屋款」改為

1%或更少。「交屋款」這麼少，對建商真的不痛不癢，所以，以預售屋來說，慎選建商和保留「交屋款」很重要。

陷阱 3　所有免責條款

建商很聰明，所有交屋後可能產生的爭議，業務會輕描淡寫的帶過，但在合約中一定會白紙黑字寫清楚。例如：工業住宅、地上權、中庭不是中庭，而是開放的公園、甚至連一樓大廳都不能圍起來，必須做開放空間……我也看過，合約裡直接約定「建商保留修改公設規格和設計的權利」（也就是：就算預售時，說有健身房、閱覽室、會議室、游泳池，但是如果最後什麼都沒做，買方也不能主張任何賠償）諸如這些內容，請確定你清楚知道裡面的利弊得失，確定可以接受再簽約。

陷阱 4　坪數找補規則

預售屋由於還沒蓋好，雖然有建照，但跟最後的坪數登記可能會有些微落差。定型化契約規定：最後

交屋時的坪數，比起合約中的坪數不足的部分，建商應全部找補價金。如果有超過的部分，買方最多只需要找補 2% 就好了。找補的計算方式是將土地、建物分開計算。如果落差的坪數超過 3%，買方得解除契約。

有建商將最後一點「落差的坪數超過 3%，買方得解除契約」動了手腳，請買方簽名同意：就算超過 3%，買方也依合約規定找補，而不得解除合約。問題來了！交屋後登記的坪數短少很多，建商主張依合約規定找補，買方不得異議。

「坪數變小，建商依坪數退錢給買方，這樣不公平嗎？」你可能會覺得這樣看起來沒差。

是的，貓膩的地方就在於：找補的計算方式是將土地、建物分開計算。

舉例來說，假設買的戶別是房子 25 坪，土地持份 2 坪，合約總價 1000 萬（包含建物 400 萬和土地 600

萬）。一般我們在計算房子的行情時，會用 1000 萬 /25 坪＝ 40 萬 / 坪來計算。

假設建商交屋時，坪數變成房子 20 坪，土地持份一樣是 2 坪。由於土地、建物分開計算，所以建物的部分，用 400 萬 /25 坪 =16 萬 / 坪，短少 5 坪，所以建商退給買方 16 萬 / 坪 x 5 坪 =80 萬。實際的買價（1000 萬－ 80 萬）/ 20 坪 =46 萬 / 坪，是不是自動比預售簽約時貴了 15% 呢？

此地無銀 300 兩，建商特意在合約中取消「落差的坪數超過 3%，買方得解除契約」的規定，交屋時又短少建物坪數，真的很居心叵測！

陷阱 5　頂樓被約定專用

前面提到合約中通常包含約定專用的條件，例如：同意社區的庭院或露台由某些住戶專用。這通常沒什麼問題，因為那些庭院或露台本來就只有某些戶別可以進出，其他戶也使用不到。不過，如果約定專用的

是「頂樓平台」呢？

　　我看過有建案的合約中約定「頂樓平台」由頂樓的某戶專用，頂樓平台只剩下一個小通道保留方便抄水錶。住戶要曬棉被都沒空間，真的很不方便！

陷阱 6 　沒寫樓層高度

　　一般樓層高度通常為 3 米，扣掉樓地板厚度（約 15 ～ 20 公分）後，淨高接近 2.8 米。定型化契約中並沒有規範要寫樓層高度，因此，有住戶在建案交屋後才發現樓層高度只有 2.8 米，扣掉樓地板厚度的淨高剩下 2.6 米，在樑下甚至只剩下 2.3 米，真的很壓迫！

陷阱 7 　貸款成數不足

　　雖然合約中會有預計的貸款金額，但是，遇到房市反轉時，如果銀行估價估不到當初的預售屋合約價，可能無法貸到原定的成數，導致於買方在交屋前必須用現金一次補足短缺的金額。如果無法補足，就相當於買方違約，建商最高可以沒收總價的 15%，房子收

回來又是建商的了。由於房市景氣難料，合約中一定要特別注意如果貸款成數不足，要如何處理。

陷阱8 公設／格局圖

你的房間真的是房間，還是「機房」？你社區的大廳真的是大廳，還是機車停車格？交屋後才發現水箱在正樓下？這些都要再三確認並比對 DM 和合約。

陷阱9 交屋期限漫長

隨著工料齊漲和缺工問題，許多建商為了降低工程的壓力，在合約中將最晚交屋日期約定在開工後的 6 年甚至 8 年。雖然業務通常會說預計 3 年交屋，然而，一旦建商延宕，因為合約簽的最晚交屋時間還沒到，買方也只能乾著急啊！

CALL IN 愛莉

Q 如果真的對簽約的內容有疑慮，消費者有什麼管道可以求助嗎？

「愛莉，我和家人對一個預售建案很有興趣，價格也談得差不多了，業務有提供合約給我們帶回來審閱。我們覺得裡面有一些不合理的條款，我們提出來想跟建商討論，可是業務說合約內容不能修改。我們有什麼管道可以申訴嗎？」

有朋友看了我的 YouTube 影片後，傳訊息問我。

如有預售屋合約內容的疑義，必要的話可以諮詢消保官，但是，基於「契約自由原則」，針對不符合預售屋定型化契約規範的部分，建商通常會以「自行磋商」的方式，經由買方簽名同意約定才生效，因此並無直接違法。

簽約前，建商會說：「不接受可以不要買。」讓喜歡這個建案的買方進退兩難。然而，一旦買方簽名同意，通常就很難在事後爭取權益了。簽名之前還是要評估自己是否可以接受這樣的風險！

至於如果有建商廣告不實的疑慮，除了諮詢消保官，也可向公平交易委員會檢舉喔！

為自己和
心愛的家人，
打造舒服的家

雖然我有豐富的裝潢經驗，然而，很多設
計實際用起來，還是跟想像很不同！有我
到現在還很沾沾自喜的得意設計，當然也
有踩雷的地方。想知道我的最愛和最雷清
單嗎？

38

自住裝潢最重要的事

從自己的生活需求去考量，
把錢花在刀口上

　　我很喜歡裝潢，對我來說，從格局規劃、風格設定，到順手、好用的細節，每一個環節都是為了能和家人在這個空間好好生活。雖然監工和討論很累，但是完工時，真的蠻有成就感的！

　　我有一個好朋友曾經去過我為了自住設計裝潢的三間房子，讚嘆的說：「妳怎麼這麼有時間？」哈哈！

沒辦法！裝潢風格雖然是豐儉由人，但是住得舒服是一定要的！

以下就針對自住裝潢要如何進行，與讀者一一分享。

▋ 自住裝潢前的準備

準備 1 　預估裝潢預算

首先，很務實的，還是要先抓一下裝潢的預算。許多設計師會建議大家用「室內坪數」x 一坪多少錢（例如：新成屋可能一坪 5 萬、中古屋可能一坪 8 至 10 萬不等）不過，我必須說，這跟你本來的屋況和你做多少裝潢有關。

有多少預算就做多少事，把錢花在刀口上，一樣可以很有質感。預算少可以少做木工、系統櫃，但是水電、防水這種基礎工程一定不能少喔！

準備 2 　盤點機能和收納需求

　　根據現況格局圖，和家人一起討論需要哪些機能。需不需要一間獨立的書房？還是喜歡在客餐廳邊聊天、邊做事？浴室要有浴缸可以泡澡嗎？房間要不要有更衣室？這些空間「機能」和「收納」的需求，都要和家人先討論和盤點，有共識之後再開始設計。

　　住過四間自住房的我，深深感受到：「一個房子住得舒不舒服，跟收納做得好不好有絕對關係。」不過，收納空間絕對不是越多越好。如果不克制買東西或囤東西的習慣，你會發現：「收納空間永遠都不夠！」所以，適度的斷捨離是必要的。

　　而且，收納有一個重點：「除了要收得整齊，還要順手好用、一目瞭然。」所以，在規劃室內的格局時，有一個最重要、但也最容易被忽略的步驟，就是「盤點」！盤點在每個「空間」，有哪些東西需要「收納」？家裡有哪些東西需要「儲藏」？

　　「收納」是常常會用到的東西，如：鞋子、雨傘、書、文具、鍋碗瓢盆、玩具，要「收納」在順手的地方。「儲藏」是不會常常用到、但又不能丟的東西，如：偶爾會用到燜燒鍋、行李箱、露營的器具、換季的衣服或棉被等，可以放在儲藏室或比較高的櫃子。

　　為了讓東西順手好用，可以依照不同的空間，幫自己做一個收納物品的清單。

　　例如：「玄關」需要收納的東西可能有：鞋子、包包、傘、鑰匙、口罩、零錢包、兒童推車、買菜的菜籃車，連同可能需要的配備都一起寫進去，例如：全身的鏡子、穿鞋的矮凳等。

　　盤點時，「數量」也很重要，可以的話盡量量化。例如：鞋子大約有幾雙要收納？包包有幾個？有些人可能連外出常穿的外套都會收在玄關，或是安全帽、雨衣等。或是，有的家庭因為先生常常打球，習慣把

先生的高爾夫球球具，收在玄關的收納櫃。像這種有特殊尺寸的，就要在盤點的時候，寫一下尺寸，才知道系統櫃的格子怎麼預留比較好。

同樣的盤點也適用在客廳、廚房、房間，依照要收納的東西，規劃現成家具或系統櫃。很多人花錢做了很多櫃子，但是尺寸卻沒有符合想收納的東西的需求。例如：書明明 20 公分深，卻收在 40 公分的櫃子裡，佔用了一倍的面積，又多花錢……先想好要收納什麼，再來規劃櫃體的深度，非常重要！（例如：書櫃深度 26～30 公分、鞋櫃深度 35～40 公分、電器櫃深度 45～50 公分）多做和少做都很難用！

另外，除非對自己隨手收納的習慣很有信心，不然櫃子盡量做有門片的。如果想降低壓迫感，可以規劃少數幾格做開放式收納（無門片），而且那幾格主要以「展示」為主，用來放相框、紀念品。

如果房子空間夠，現成家具是一個高 CP 值的好選

◀ 一個房子住的舒不舒服，跟收納做得好不好有絕對關係。

▼ 如果房子坪數不大，建議可以請木工或系統櫃訂做櫃子，讓收納和空間的機能發揮到最大。

擇。如果房子坪數不大，建議可以請木工或系統櫃訂做櫃子，讓收納和空間的機能發揮到最大。雖然木工和系統櫃比起一般現成家具價格高很多，但是比起東西亂丟、佔用高房價的居住空間，還是很值得。

我看過小坪數，屋主收納非常整齊的房子，也看過明明坪數很大，卻有一個房間都是拿來堆雜物。或是想學設計雜誌裡的客廳設計，電視牆幾乎沒有做櫃子，看起來非常簡約、俐落，但是如果你的東西沒有那麼精簡，實際住進去之後，就會發現：「收納真的不夠！」這樣的裝潢就算再漂亮，對你來說也不實用！先盤點收納和儲藏的需求，再來規劃裝潢，絕對是讓你住得舒服的關鍵步驟！

準備 3　決定要自己設計、自己發包，還是要找專業設計師

很多人有兩種常見的迷思。第一個迷思是：「自己發包比較便宜」我必須說，大部分是這樣沒錯，但是，如果你對工程完全不懂，包含工序（施工的順序）、

要注意什麼，完全沒概念、也沒有人可以問的話，自己發包可能會花更多錢，而且可能會是惡夢一場。

相反的，如果你對設計和裝潢有涉獵，想邊做邊學、邊累積經驗，而且有人可以問、也有專業的師傅可以幫忙施工，那麼自己設計、自己發包的確會省不少錢。我的 YouTube 頻道拍過很多學員新家開箱，都是自己設計、自己發包，除了省錢之外，也會滿滿的成就感喔！

第二個迷思就是：「委託設計師之後就沒有我的事了。」其實很多裝潢糾紛都是因為過度信任或是過度依賴設計師，所以我建議：就算委託設計師，最好三不五時還是去工地走走。尤其是分期付款前，都做一個小驗收，確定工程有在進度內。另外，不管是自己發包或委託設計師，報價單的細節和付款條件都很重要，一定要寫清楚。

決定好「動線」和「機能」後，就可以搭配燈光、顏色、家具、布置，來打造你要的「風格」。

準備 4　了解管委會規定和裝潢法規

　　如果你的社區有管委會，記得先跟管委會詢問裝潢的規定。大部分社區會需要填申請書、繳清潔費和保證金。如果有更改格局，依規定還需要申請「室內裝修許可」。動工前一定要先詢問管委會。

準備 5　施工前做好敦親睦鄰

　　不管你的工程大或小，動工前一定要先知會一下鄰居。最常見的就是在梯間或公布欄貼施工的公告，上面一定要留裝潢工程的聯絡人，一般通常會放設計師電話，如果是自己發包，通常會放統包師傅的電話或屋主的電話。

　　我會建議如果有設計師或統包師傅的話，就放他們的電話，現場有任何問題可以馬上處理之外，也可以在溝通上留一點緩衝的空間。不管是委託設計師或自己發包，裝潢期間一定要保持梯間和走道乾淨，不要造成鄰居的困擾。

我的裝潢經驗談：
最愛和最雷的裝潢，
親身體驗分享

雖然我有豐富的裝潢經驗，然而，很多設計實際用起來，還是跟想像很不同！有我到現在還很沾沾自喜的得意設計，當然也有踩雷的地方，想知道我的最愛和最雷清單嗎？登登登！馬上登場。

我最愛的設計大盤點

最愛設計 NO.1 沙發背牆的設計，
決定了家的主視覺風格

很多人為了塑造風格，裝潢時做了很多間接照明或線板，不僅多花很多錢，而且住進去之後發現很難清潔。對我來說，塑造一個家的主視覺風格最快的方式，就是「沙發背牆」！

◉ 沙發背牆的設計，決定了家的主視覺風格。

　　有些人會用大理石、花崗石、文化石，或用仿石材的板材、和造型線板來做沙發背牆。如果預算有限，改變牆面色彩是最能輕鬆打造風格的方式。可以用藍色、綠色當主牆顏色，創造收縮後退的效果，還可以降低明度，以灰藍或灰綠這種大地的顏色，像這幾年很流行的「莫蘭迪」顏色，就很有質感。

　　選一個喜歡的顏色，搭配喜歡的畫和沙發，一回到家就可以感受到自己當初設計這個家想傳遞的溫暖和氛圍，真的非常值得！

最愛設計 NO.2 雙一字型的廚具和電器櫃，讓下廚更有效率

　　你喜歡下廚嗎？對我來說，煮菜，是一種給愛的方式。雖然下廚的時間不多，但是，讓每一次下廚都順手、好用，絕對是裝潢裡很值得的投資。

　　常見的廚具規劃有一字型、L 型、雙一字型和島

型。我自己最愛的是「雙一字型」。有寬敞的料理檯面，冰箱就在旁邊，廚房牆壁貼烤漆玻璃、選用線條簡單、容量放大的歐式水槽，一轉身就可以操作廚房電器。想要偷點空間的話，還可以在電器櫃上設計托盤，拉出來又多了隨手放置的空間，真的很方便！

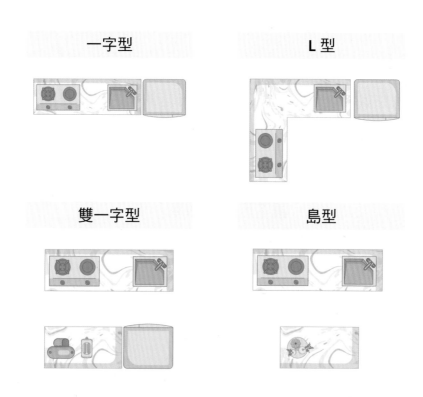

🔊 廚具和電器櫃常見有一字型、ㄴ型、雙一字型和島型。

最愛設計 NO.3 好用的更衣室，
　　　　　　　讓你井然有序開始新的一天

　　我自住過的房子裡，有兩間有更衣室，兩間沒有更衣室（房間裡放衣櫃）經過親身多次體驗，非常確定：「好用的更衣室，絕對是一項好投資！」衣服、褲子、外套按照種類、顏色掛起來，下面有抽屜收納，最上面的層板還可以放換季的衣服。

　　更衣室也可以設計一個化妝桌，瓶瓶罐罐收納在側邊的櫃子裡，日常保養、化妝、更衣都在同一個空間。一側是先生的東西，一側放自己的東西，兩個人分開收納，亂的程度有極限，真的挺好！

最愛設計 NO.4 分層收納的儲藏室或儲藏櫃，
　　　　　　　要好收、好拿，還要忘了它的存在

　　生活中有許多必須收納、但不常拿出來的，有個分層收納的儲藏室或儲藏櫃真的很重要！舉凡行李箱、棉被、睡袋、烘焙用的器具、燜燒鍋，要用時方便好找、好拿，平常收起來，門一關，完全忘了它的存在。

不過，雖然儲藏室和櫃子很好放，定期的斷捨離還是必要的。物盡其用，用不到的東西送給有需要的人，空間也才能發揮最大的效益喔！

最愛設計 NO.5　泡澡愛好者必備的四件組的衛浴，讓我每天都有美好的 me time 時光！

上一個自住的家有兩間浴室，一間是乾濕分離的淋浴間，一間是浴缸。因為兒子和我都很喜歡泡澡，但是泡澡前還是要洗頭、洗澡，所以常常先放好浴缸的水，先去另外一間洗完之後再來泡，或是在浴缸外面洗澡，弄得地板濕濕答答的。

後來現在的家裝潢時，一樣是兩間浴室，但我硬是讓有浴缸的那一間多了一個乾濕分離的淋浴間，讓浴室可以保持地板乾燥，沖澡完可以直接泡澡。而且，就算衛浴有對外窗，也一定要裝五合一的暖風機，而且瓷磚填縫和矽利康一定要用防霉的，這也是經過多年使用的心得後修改喔！

◀ 小小的儲藏室，可以讓不常用、但很重要的東西，都物歸原位。

◥ 同時有浴缸、也有淋浴間的浴室，可以先放好熱水，再從容的沖澡。沖完澡就可以馬上泡澡，真的很方便！

中看不中用的設計盤點

中看不中用 NO.1 洞洞板，考驗收納美感與
清潔習慣！

許多人對於「洞洞板」一見傾心，我也不例外！
搭配層架、掛勾，兼具收納與展示功能，看起來好有
質感！我家玄關和廚房之間有一個拉門，我就用「洞
洞板」裝飾在整面門片上。不過，因為門片常開開關
關，最後只放了兩個相框，另一側固定的牆面上做了
壁燈、放了一個招財貓和小盆栽。洞洞板最大的優點
是可以靈活調整，但是如果沒有掌握留白、錯落有致
的收納、展示技巧，反而容易顯得凌亂，而且洞洞板
裡的孔洞容易積灰塵，也很考驗自己的清潔習慣啊！

中看不中用 NO.2 天花板收納，成為消失的密室，
搬家三年後還有東西留在裡面！

隨著房價越來越高，讓有限空間有收納的高坪效，
成了一門學問。不過，除非房子真的很小、寸土寸金，
不然天花板就不用再做收納，因為真的很容易忘記自

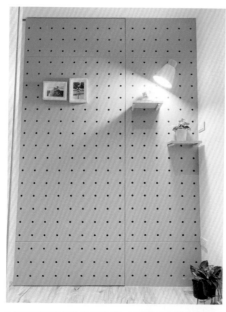

◉ 「洞洞板」是許多女孩心儀的設計，親身經驗後，只能説「風格」大於「實用功能」。

◉ 「天花板收納」很容易徹底忘了它的存在！除非沒有其他的收納空間，不然真的建議不用花錢做！

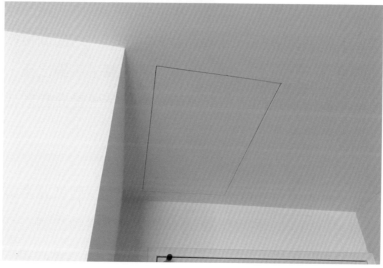

己放了什麼東西在裡面。

我第一個家，在有兩個樑柱中間的天花板就做了一個收納空間。我們的確是拿來放了一些東西，但一直到搬走 3 年後，才發現裡面的東西還留在那裡，就像消失的密室一樣！所以，收納也不見得是越多越好，要順手、好收，才實用！

好用的設計，絕對跟自己和家人的生活習慣有關。有些設計曾經讓我洋洋得意，但隨著家庭成員改變，需求可能就改變了。例如：我曾經非常喜歡玄關的鞋櫃往上提高 25 公分，下面可以放室內鞋，搭配間接採光的燈條，好看又好用。但自從家裡養了小狗之後，他最喜歡去那裡叼著拖鞋躲到沙發底下，從此我們就不放拖鞋在那裡了（笑）。

不過，還有些設計或配備，是至今我們仍非常慶幸的。例如：台灣北部冬天溼冷，冷暖變頻空調是必要配備。玄關和更衣室裡的大鏡子、大門改為密碼鎖、

◀ 我曾經非常喜歡提高 25 公分的鞋櫃，可以放拖鞋。

▼ 第三個家當初為了小孩做的「鞦韆」，我們全家大小都還很喜歡玩，挺紓壓的。

或是當初為了小孩做的「鞦韆」，我們全家大小到現在都還很喜歡玩。至於照片裡的溜滑梯，如果沒有要生很多個小孩，建議可以不用（笑）。這些都是打造自己和家人心愛的家的點點滴滴。

基礎工程建議不要省

　　裝潢＝裝修＋風格。所謂「裝修」就是房子的基礎工程，包含水電、泥作等，「風格」就包含油漆、

◀▲▶泥作、水電……這些基礎工程很重要，千萬不能省！

🔘 油漆、燈光、窗簾、家具、布置……花小錢就可以讓房子質感
變好的，非常值得！

燈光、窗簾、家具、布置這些。泥作、水電……這些
基礎工程千萬不能省。

另外像窗簾、燈、畫龍點睛的布置品，這種花小
錢就可以讓房子質感變好的，也絕對不要省！（有些

人房間做很多系統櫃，還用很貴的床墊，結果床單看起來很俗艷，真的很可惜！）這些就是在「刀口」上的錢，錢就該花在這些地方。

裝潢款不要超過房子總價的 15% ～ 20%

此外，就算你預算很多，除非完全不考慮未來轉手會不會賠錢，不然，建議裝潢款不要超過房子總價的 15%～20%。避免裝潢墊高過多成本，未來換屋、轉賣不易喔！

如果自備款真的不夠，現在有一些銀行有提供裝潢貸款，約為總價的一成，利率約 2～3%，分成 15～20 年攤還，沒有寬限期。值得注意的是，必須在辦房貸時就一併跟銀行申請，銀行會和房貸同時間分兩筆設定，但交屋後 1～2 個月後才撥款。辦房貸時也可以多問多比較喔！

Q 裝潢可以貸款嗎？該花多少錢？裝潢預算怎麼抓？

「愛莉，裝潢預算要怎麼抓才好？聽說現在裝潢漲好多！如果自備款不夠，有裝潢貸款可以申請嗎？」

　　許多設計師會建議大家用「室內坪數」x 一坪多少錢（例如：新成屋可能一坪 5 萬、中古屋可能一坪 8 ～ 10 萬……）不過，我必須說，裝潢可高可低，跟屋況也有關係。

　　例如：房子有沒有漏水要處理、窗戶有沒有要更換，隔間有沒有要重新規劃，廁所、廚房有沒有要重做、電有沒有要重拉，只要換線還是也有要換管，有沒有要做天花板、系統櫃要做多少，都會影響費用。

　　我的第一個家是權狀 52 坪、室內約 37 坪、屋齡 10 年內的社區，因為格局、衛浴、廚房不動，所有裝潢連同家具家電花不到 60 萬，也是很舒服的住了 5 年。有多少預算就做多少事，把錢花在刀口上，一樣可以很有質感。

　　以下是依照不同空間或工種，預估的費用，以及可以省錢的方式：

項目	預估的費用與省錢裝潢技巧 *
天	【預估的費用】平釘木作天花板每坪 3300 ～ 3800 元（未含天花板油漆，油漆每坪約 1100 元水泥漆～ 1300 元乳膠漆） 【省錢裝潢技巧】如果樓地板狀況 ok，不一定要做天花板。我們裝潢過蠻多房子沒有做天花板，用軌道燈＋局部木工包板，就可以讓空間看起來一樣很舒服。
地	【預估的費用】拋光石英磚或超耐磨木地板（含下面甲板）每坪 4800 ～ 8000 元（看材質與規格） 【省錢裝潢技巧】用 SPC 石塑地板，風格多元可供選擇。由於是用卡扣式的方式連接，所以沒有一般 PVC 塑膠地磚用膠黏著的問題，而且表面有一層 coating，可以防刮和防水，價格也比拋光石英磚或超耐磨木地板便宜。
牆	【預估的費用】用無毒乳膠漆，牆面油漆一坪（牆面立面坪數）約 1300 元（批土＋磨＋面漆） 【省錢裝潢技巧】使用油漆顏色跳色，不做過多的線板或版材，一樣可以有設計感。
衛浴	【預估的費用】一間抓 12 ～ 15 萬（與面積和配備有關）

【省錢裝潢技巧】防水工程一定要做好，加上乾濕分離設計，好住、好維護。

廚房

【預估的費用】廚具、電器櫃先預估 10 ～ 12 萬（跟尺寸與配備有關）

【省錢裝潢技巧】電器櫃一定要搭配專用迴路，使用時才不會常跳電喔！

水電

【預估的費用】請水電師傅檢查是否需更換電纜線（需專業技師施工），並更換電開關箱、全室電線、插座。一般三房兩廳可以先預估 20 萬，實際估價需請水電師傅場勘報價。

【省錢裝潢技巧】如格局更動小，也可和師傅討論「換線不換管」，沿用原來牆內的電管，抽換電線，必要時增加迴路。費用約可省 40%。

木工或系統櫃

【預估的費用】大家普遍認為系統櫃比木工便宜，不過，這個價差可能會讓你失望了。可以請木工和系統櫃分別報價，再來選擇。

【省錢裝潢技巧】除非空間真的太小、需要木工或系統櫃訂做櫃子才有足夠的空間收納，不然，用現成家具也會省很多錢、且空間更有彈性。

外牆防水、門窗	【預估的費用】如有外牆或屋頂平台要重做防水，或窗戶要重做，要再多抓 20 ～ 30 萬費用（坪數越大會越高喔！）
	【省錢裝潢技巧】施工師傅很重要，一定要找有口碑、有保固的廠商！
冷氣	【預估的費用】如預算允許，可以使用一線品牌冷暖變頻，且選擇一對一，盡量不選一對多，因為價格差異不大，且使用不便（主機壞了，室內機全部不能使用）。
	【省錢裝潢技巧】如果屋主的冷氣可以留下來給你，可以請師傅檢測、清潔、保養、補充冷媒，繼續使用。
其他	【預估的費用】燈、窗簾……等軟裝，依照需求和師傅討論後報價施作。
	【省錢裝潢技巧】如果你是自己發包，冷氣師傅估價時，木工師傅和水電師傅一定要在，才能互相討論如何配電和包管。另外，燈光和窗簾是常被忽略的重要工種。燈光影響空間使用和室內氛圍，最好先確認家具擺放配置後，請燈具廠商建議燈光配置圖。窗簾的種類和質感也影響風格甚大，可以等油漆完成後，再請窗簾廠商帶樣本到現場討論、選色、估價。

備註：以上預估的費用為自行發包金額。

40

「裝潢」幫房子
「加值」的幅度

真的比你想像得少，尤其是新成屋！

　　我常說：「除非你的錢真的很多，不然，『進場』的時候，還是要想如何『出場』。」現在的房價很貴，加上裝潢費後更貴，我們幫房子裝潢，是不是真的增加房子的「價值」呢？

　　我有一個習慣性的思考方式，如果有一間房子權狀 30 坪，我預計花 180 萬裝潢，我會先想：「未來我

要賣的時候，因為這個裝潢，可以多賣多少錢？」

　　以剛剛的案例來看，180 萬 / 權狀 30 坪＝相當於權狀每坪多 6 萬元。最理想的情況是：因為這個裝潢，未來要賣的價格可以每坪多 8 萬甚至 10 萬以上，如果這個房子的區域實價登錄行情是 65 萬 / 坪，我買的是 58 萬 / 坪，加上裝潢之後，要賣 68 萬 / 坪甚至以上，應該沒什麼問題。

　　但是，如果這個房子的區域實價登錄行情是 30 萬 / 坪，我買在行情一樣是 30 萬 / 坪，我有把握未來要賣 40 萬 / 坪甚至以上嗎？

▌賣屋時即使加上裝潢，
　也無法超過行情區間太多

　　由於實價登錄其實是一個「區間」，舉例來說，如果均價是 30 萬 / 坪，實際上成交區間可能 26 萬 / 坪

至 35 萬 / 坪都有人成交。這時候，你可以把你買入的價格，加上預計花在裝潢上的費用，看看會不會超過實價登錄的行情區間上緣。

因為房子有裝潢（當然，前提是你的裝潢風格一般買方覺得喜歡、實用，而且，你要賣的時候，裝潢不可以折舊太多），的確有機會賣到行情區間上緣，但如果要超過行情區間太多，可能就會有困難，尤其是「新成屋」！

因為「新成屋」的屋況普遍都不錯，你設計的裝潢對買方來說不一定合用和喜歡，所以，同一社區裡常發生有高級裝潢的實價登錄和簡單裝潢的實價登錄行情幾乎一樣！

我建議，在抓裝潢預算的時候，可以把你「買入的成本」和「行情區間的上緣」一起考慮進去喔！

CALL IN 愛莉

Q 「請問愛莉，我看到有人主打『零頭期款買房』，沒有自備款真的能買房嗎？」

....

　　坊間的「零頭期款」通常都是搭配合約寫高（合約價格做假）或是搭配信貸、裝潢貸款等方式去湊到的。買到的房子如果本身的地點和價格不好，未來轉賣時不見得有增值，甚至還不見得保值。遇到這樣訴求的物件，不要因為「零頭期款」而沖昏頭，要了解他搭配的貸款機制，和評估物件本身的地點、價格條件喔！

Sweet Home 2.0：
用「換屋」升級人生

我曾經五年內換了兩次房子，出這本書
時，即將迎來我第三次換屋。

每一次換屋，都像是重新整理自己，檢視
自己的生活。

41

換屋，就是開啟人生新版本

打包舊屋的物品，
其實也像是對自己的重新整理。

　　我曾經五年內，換了兩次房子，出這本書時，即將迎來我第三次換屋。

　　每一次換屋，都像是重新整理自己，檢視自己的生活。包含地點的選擇、物件條件的取捨、如何更優化生活品質，以及搬家前的斷捨離、打包、搬家後的拆箱和東西定位……，每一個環節都有好多事要做。換屋、搬

家真的蠻累的，但是整理自己的過程很過癮！

在新家展開新生活，也是人生 reset 的嶄新體驗。

▌搬家時，家具、家電需換新嗎？

「愛莉，我新家裝潢好了！這次是我自己設計、自己發包的喔！這次裝潢我用了很多心思，也省了不少錢，所以很想把家具、家電都換一換，舊家的東西就不搬過去了。但先生覺得東西都還可以用，為什麼要浪費？好難決定唷。」有學員問我。

很多人對於搬家時，要把家具、家電搬過去，還是要買新的，會很掙扎。我們可以從兩個角度來評估：「原來的家具、家電適合新家嗎？」、「如果不搬過去，有沒有更好的用途？」

首先，先丈量現有家具、家電的尺寸（長、寬、

高），順便幫它拍一下照片。接著，帶一捲紙膠帶去新家現場，將紙膠帶貼在你計畫要放這個家具、家電的地板和牆壁上，看一下它的尺寸和空間比例，合不合用。如果尺寸 ok，再把照片打開，看一下它的風格，跟新家的裝潢搭不搭。

🔊 帶一捲紙膠帶去新家現場「放樣」：將紙膠帶貼在你計畫要放這個家具、家電的地板和牆壁上，看一下它的尺寸和空間比例，合不合用。

　　為什麼要這麼麻煩呢？我遇過太多朋友，把家具搬過去新家不久，又決定把家具丟掉或送人，重新買新的。很多家具體積很大，增加搬家費用不說，搬過去之後還要處理掉，真的很浪費時間！所以，事先確認合不合用，很重要喔！這也是斷捨離的技巧！

　　再來，如果原來的家具、家電不搬過去，有沒有其他更好的用途？例如：假設原來的家會出售，留給下一個屋主也許也是一個選擇。而且，在有家具的情況下，清潔之後做簡單的布置，也可以讓房子看起來溫馨舒適。如果原來的房子要出租，就更好辦了！有家具、家電的房子通常租金更高也更好租，新家就直接選購新的家具、家電囉！

42

掌握 5 個關鍵重點，換屋更輕省

第一間房子有沒有增值，決定了換屋的難易度！

　　創業以來，接觸很多學員，除了「首購族」之外，也有很多因為工作、小孩、或其他因素需要換房的「換屋族」。雖然不是人生第一次買屋，但是，需要注意的地方可不比「首購族」少。對「換屋族」來說，從看屋到決策，哪些事情要特別留意呢？

▍關鍵 **1** 第一間房子的增值空間，決定了換屋的難易度

有人說：「自住的房子不是投資，有沒有增值不重要！」

如果你的房子打算住一輩子，不考慮換屋、也不考慮以後留給孩子、好不好處理的話，的確，有沒有增值一點都不重要。然而，如果你或小孩有換屋的可能，有沒有增值，絕對很重要！

舉例來說：假設你用總價 1200 萬，貸款 960 萬，買了權狀 30 坪的房子，相當於 40 萬 / 坪。假設同一區、差不多條件的房子，行情大約 44 萬 / 坪，就表示你買的價格，比起均價大約便宜 9～10%。

如果 6 年後，行情漲到 50 萬 / 坪，總價 1500 萬。假設賣房子的稅費（包含仲介費）大約 80 萬（房地合一用「六年優惠自用」，有 400 萬免稅額），就算貸

款都只有繳利息、沒有還本金，你會拿回 460 萬的現金（1500 萬－960 萬－80 萬）。如果以 460 萬作為下一間房子的頭期款，一樣貸款 8 成，就可以負擔總價 2300 萬的房子！就算買的價格一樣是 50 萬／坪，也會從本來權狀 30 坪，換到權狀 46 坪！不管是以小換大，或是以公寓換電梯大樓，都一樣適用！

要換屋越換越輕鬆，有兩個基本條件：「原來的房子有增值」、「貸款人的收入和信用，要能負擔換屋後的貸款金額」。不過，以剛剛那個從 1200 萬換屋到 2300 萬的案例來說，不僅不用再籌頭期款，如果用理財型房貸，每個月的貸款利息，通常也比租金還要低。所以，第一間房子有沒有增值，決定了換屋的難易度！

關鍵 2 重新盤點自己和家人的需求

換屋通常有一個明確的動機。有人是為了工作異

動、小孩學區、就近照顧長輩，也有人是因為空間太小、空間太大（退休族常見），或需要換有電梯的大樓。

在看屋之前，最好預想未來 6 年自己和家人的需求（為什麼最好是 6 年以上呢？這和「重購退稅」與「房地合一優惠自用」有關，稍後說明）如果是退休宅，就要想得更長遠。除了房子本身的條件外，地點和類型最好也有一定的保值性和週轉性，兼顧理財的需要。

關鍵 3 盤點手上的資金和可變現的資源

除了盤點存款（包含可變現的基金、股票、保單等），如果打算先賣掉目前的房子，那麼目前房子的市價，扣掉房貸餘額和稅費後，可以換到的現金，也將成為下一間房子可以使用的自備款。

關鍵 4 以 6 年為換屋自住的週期，稅務規劃最聰明

換屋族可以善用「重購退稅」：不管「先買後賣」或「先賣後買」，只要買賣間隔在兩年內，都有機會申請「土地增值稅」和「房地合一」退稅[*1]。新買的房子未來 5 年都必須設戶籍，且不能有出租、營業或過戶移轉，不然退的稅會被追回喔！

此外，新買的這一間，如未來可能出售，還可以善用房地合一的「六年優惠自用」：除了有 400 萬的免稅額，超過的部分也只要課 10% 的稅。這也是為什麼換屋時，最好先預想未來 6 年自己和家人的需求。

備註

1 如現有的房子是 2016 年前就取得，買的房子必須比賣掉的房子總價高，才能申請「財產交易所得稅」的重購退稅。如現有的房子是 2016 年後才取得，不管是以大換小、或以小換大，都可以依「價格比例」申請「房地合一稅」的重購退稅。

▌ 關鍵 5 先想好貸款配套

如果是「先買再賣」，由於央行信用管制，針對七都（六都和新竹）二屋族（以名下有購屋貸款的間數來計算）貸款最高七成、利率較高，並取消寬限期。如果不在七都，或名下的房子房貸已經清償（或原本沒有房貸，後來才又增貸的）就沒有上述的限制。

另外，因為夫妻分開計算，所以，新買的房子也可以用沒有貸款的一方，作為貸款人，如果貸款條件不夠好，可以請另一半當保證人。

如果在七都，決定「先買再賣」，而又只能買在同一個人名下的話，怎麼辦呢？現行的做法是：先簽切結書，成數可恢復為首購的成數（最高 8 成至 85 成），只是利率較高、無寬限期。等一年內原房屋貸款清償且過戶後，可申請降低利率、並申請寬限期（如果現有的房子沒有出售的計畫，就不能適用了）。

如果資金不足，由於有蠻多銀行可以提供「轉增貸」且「不綁約」的方案，甚至還有 1 至 3 年的「寬限期」，可以把舊家轉貸到這些銀行，先把資金借出來，也是一個折衷的辦法。

▍其他銷售配套

如果決定「先買再賣」，原來的家盡可能保持好屋況，並且清潔、布置，增加買方對房子的好印象。如果決定「先賣再買」，可以在委託仲介銷售時，就告知有「售後回租」的需求：跟新的買方談「售後回租」6 個月到一年，慢慢找房子，如果有提前找到，再提前搬，避免「病急亂投醫」，買到不適合的房子！

換屋族需要做的功課不少，從看屋、議價、貸款、原有的房子出租或出售，處處充滿學問。不過，只要掌握這些重點，換屋也可以很輕省喔！

CALL IN 愛莉

Q 賣房子前，要先裝潢再賣嗎？
「愛莉，賣房子前要先整理房子嗎？雖然是自住的房子，但因為住了很多年，很多東西都舊了，感覺要再翻修一下，賣相比較好，可是我家人說買方可能有自己的想法，要我不要再多花錢，到底要不要整理呢？」

⋯⋯⋯⋯⋯⋯⋯⋯⋯⋯⋯⋯⋯⋯⋯⋯⋯⋯⋯⋯⋯⋯

換屋族在考慮換房子時，除了希望用漂亮的價格、買到合適的好房子外，也希望幫原來的家，賣到好價格。這時候，可能就會面臨一個問題：「要不要幫房子整理一下，價格會不會賣得更好呢？」

首先，要看房子的屋況和主要的客群。舉例來說：如果屋況不差、格局不需要改，只是有些地方舊了，就可以局部改裝。尤其如果想賣的是首購族，整理好的房子眼見為憑，會讓他比較好做決定。

舉例來說：像下面這張照片，本來的壁紙舊了，屋主在賣之前，幫它換壁紙，順便換燈、換窗簾，沙發和茶几也換掉，有沒有覺得差很多！

除了客廳之外，房間也是。把床頭的壁紙、窗簾換掉，房

子煥然一新！這間房子在他改完不久就賣掉了，而且價格賣得很不錯！對他來說，花一些小錢幫房子小改裝一下，很值得！

這間房子的客廳，本來的壁紙舊了，屋主在賣之前，幫它換壁紙，順便換燈、換窗簾，沙發和茶几也換掉，有沒有覺得差很多！

　　相反的，如果房子管線 30 年沒有換過，甚至屋況需要大動，尤其是格局，要整個打掉重做的話，建議不用再裝潢，只要打掃乾淨、頂多重新粉刷、換個燈，看起來乾淨明亮就好，交給下一個屋主自己裝潢，會比較經濟實惠喔！

▲ ▶ 把房間的床頭壁紙、窗簾換掉，房子煥然一新！

買房 TIPS

先買再賣或先賣再買的注意事項

先買再賣

	資金充足者	房屋可增貸者
優點	可以先搬到新家，舊家淨空，除了賣相比較好，鑰匙也可以交給仲介，方便帶看。	房貸利率通常較低，就算舊家還有一些房貸，壓力也不會太大，先買再慢慢賣，比較容易賣到理想的價格。
缺點	沒有辦法拿賣掉舊家的錢，補貼新房子需要的資金。	對於「先買再賣」沒有安全感，好像「透支」在花錢一樣，覺得不踏實。
建議	賣的時候，盡量讓原來的家看起來乾淨舒服。	如果新家的家具剛好都要買新的，且舊家的家具狀況還不錯的話，可以留在現場，再清潔和布置一下，賣相會比較好。

原來的房子可以「轉增貸」，並選擇「不綁約」、有「寬限期」的銀行，先把資金借出來。

先賣再買

資金不足、且原屋不適合增貸者

優點　因為舊家已經賣掉了，知道可以拿回多少金額，對於新家的預算比較有把握，比較有安全感！

缺點　房子簽約出售之後，通常 1 至 2 個月內要交屋，所以房子一賣掉，就要趕快找新房子，沒辦法好好看屋、議價，怕會買貴或買錯！

建議　善用「售後回租」：跟買方回租 6 個月到一年，慢慢找房子，如果有提前找到，再提前搬，避免「病急亂投醫」，買到不適合的房子！

「先賣再買」也適合需要明確掌握預算的人。

補充　不管「先買再賣」還是「先賣再買」只要買賣間隔在兩年內，都有機會申請「重購退稅」。

很多年前，我帶同事一起在職進修，上了一個「公眾演說」的課。講師是大陸一位知名的公眾演說家。我坐在第一排，上課過程我很安靜，一如大部分的場合一樣。直到上課倒數第二天，老師要我們上台演說。拿到麥克風的我，演講的主題是我最喜歡、也最熟悉的房地產，坐在後排的老師整個眼睛發亮，現場有一位 YouTuber 甚至直接報名要上我的課。講評時，老師說我整個氣場和在台下很不同，我說，因為我實在太喜歡房子了。

從 2012 年創業以來，教學對我來說，是一個教學相長的過程。我協助了很多同學買到地點和價格不錯的物件，同時也持續累積自己買賣、裝修、出租的經驗。因為對房地產很有熱情，所以即便是教學、寫文

章、拍影片，或輔導同學議價、裝潢，我都甘之如
飴，沒有感覺自己在工作。反倒是在有了孩子後，讓
過去一向是工作狂的我，可以慢下來生活。

之前讀了一本書，它說：「平常分享實用、有幫
助的資訊，是一種『法佈施』。」我恍然大悟。

有朋友問我：「妳之前跟建商合建的那間房子才買
2 年多就整合成功，妳是之前就知道他們在談了嗎？」

我很想回答我很有「慧眼」，但實際上我只能說
它的地點很好、鄰房產權單純、基地方正。其他所有
整合的契機，都在我買完的次年才發生。為什麼我這
麼幸運呢？

也許是這一字一句、自己打字的三本書、官網累
積的那近 300 篇文章、YouTube 頻道那 200 多個影片、
每次用心準備的直播、還有這些年來，用心服務的每
一個學員，都是讓我越來越幸運的原因。

這本書初稿完成的那天，是 House123 成立十二年的生日。從 2012 年 1 月到現在，轉眼間創業已經 12 年了。

跟大家說一個祕密：更早之前，House123 的 slogan 是「House123，擁有好室好簡單」。

很押韻、唸起來很順口。但我問自己：「擁有好室真的『好簡單』嗎？」不！我只能說它「好值得」，但它一點也「不、簡、單」。我一直思考著，我們能提供的「價值」是什麼？從人生「幸福」的定義開始，最後寫下了現在 slogan 的版本：「安居自住，幸福收租」。

從那時到現在，我們一直在傳遞和創造的，都是同一份價值。

能夠貢獻自己的經驗，陪同學一起經驗找房、議價、簽約、裝潢的過程，是我們存在的原因。有人說「教課是一個把自己掏空的過程」，我有時候也會有

這種感覺。但是因為我很喜歡房子，加上學員很多反饋，也讓我很溫暖。我有很多學員都是來自他們領域的菁英，我非常尊敬他們，也很榮幸可以成為他們的老師和朋友。謝謝支持著我們前進的夥伴、學員、業界的前輩、同事、前同事們，當然，還有我最重要的家人。能做自己想做的事，我還是覺得很幸福。每次上課、或是跟學員直播聊房子的事時，就是我口條最好的時候。我非常喜歡我的工作，我知道我還會繼續喜歡下去。

雖然這本書是《買房人生課》，不過，「買房」只是人生其中一個里程碑，不是目的地！如何透過買房、換房的過程，不斷升級自己、優化生活，才是我們的目標。

願這本書能陪著你一路前進，對「買房」這堂人生課，不管是開源、節流、理財、買房、生活，都有一些新的靈感、新的動力。這樣，這本書就完成了它最重要的使命了 🩶

好用的工具網站 & APP

實價登錄查詢

- 公寓 / 透天：
  House123 實價登錄查詢
  https://price123.house123.com.tw/

- 社區：
  樂居 https://www.leju.com.tw/

房貸試算

- **House123** 房貸還款試算工具：
  https://house123.com.tw/ 房貸還款
  試算

- **House123** 可貸房貸總額試算工具：
  https://house123.com.tw/ 可貸房貸
  總額試算

調閱謄本

- 比房網：
  https://www.ibigfun.com/

線上估價

- 中國信託智慧估價：
  https://www.ctbcbank.com/content/
  dam/minisite/long/loan/ctbc-mortga
  ge/index.html

- 台北富邦線上估價：
  https://www.fubon.com/banking/perso
  nal/mortgage/evaluate/evaluate.htm

- 好時價：
  https://www.houseplus.com.tw/estima
  tion

註：此為線上智慧估價工具，如需更精準，最好請銀行業務估價喔。

捷運出口

- 捷近
  https://mrtexit.com/

室內設計 APP

- 100 室內設計：
  iPhone 下載點

android 下載點

富能量 0HDC0099

買房人生課

作　　者：邱愛莉
責任編輯：林麗文
封面設計：@Bianco_Tsai
內文設計、排版：王氏研創藝術有限公司
封面攝影：王愷云

總 編 輯：林麗文
主　　編：高佩琳、賴秉薇、蕭歆儀、林宥彤
行銷總監：祝子慧
行銷企畫：林彥伶

出　　版：幸福文化／遠足文化事業股份有限公司
地　　址：231 新北市新店區民權路 108-3 號 8 樓
網　　址：https://www.facebook.com/happinessbookrep/
電　　話：(02) 2218-1417
傳　　真：(02) 2218-8057
發　　行：遠足文化事業股份有限公司
　　　　　（讀書共和國出版集團）
地　　址：231 新北市新店區民權路 108-2 號 9 樓
電　　話：(02) 2218-1417
傳　　真：(02) 2218-8057
電　　郵：service@bookrep.com.tw
郵撥帳號：19504465
客服電話：0800-221-029
網　　址：www.bookrep.com.tw

法律顧問：華洋法律事務所　蘇文生律師
印　　刷：通南彩色印刷
電　　話：(02) 2221-3532

初版日期：2024 年 5 月
初版三刷：2024 年 6 月
定　　價：450 元

買房人生課 / 邱愛莉著 . -- 初版 . -- 新北市
: 幸福文化出版社出版 : 遠足文化事業股份
有限公司發行 , 2024.05
　面；　公分
ISBN 978-626-7427-34-7(平裝). --
ISBN 978-626-7427-46-0(平裝博客來獨
家版)

1.CST: 不動產 2.CST: 不動產業 3.CST: 投
資

554.89　　　　　　　　　　113003034

ISBN：
9786267427347（平裝版）
9786267427460（博客來獨家版）
9786267427484（EPUB）
9786267427491（PDF）